樊丽明 石绍宾 主编

国家预算治理大讲堂（2023）

李　明
范子英
熊文钊
李永友
伏润民
李建发
王雍君
施正文
刘元春

主讲

中国财经出版传媒集团
中国财政经济出版社
北　京

图书在版编目（CIP）数据

国家预算治理大讲堂. 2023 / 樊丽明，石绍宾主编
. --北京：中国财政经济出版社，2024.6
ISBN 978-7-5223-3169-0

Ⅰ.①国…　Ⅱ.①樊…②石…　Ⅲ.①国家预算–预
算管理–中国　Ⅳ.①F812.3

中国国家版本馆CIP数据核字（2024）第100506号

责任编辑：闫　娟　　　　责任印制：史大鹏
封面设计：陈宇琰　　　　责任校对：徐艳丽

国家预算治理大讲堂（2023）
GUOJIA YUSUAN ZHILI DAJIANGTANG（2023）

中国财政经济出版社 出版

URL：http：//www. cfeph. cn
E-mail：cfeph@ cfeph. cn

社址：北京市海淀区阜成路甲28号　邮政编码：100142
营销中心电话：010-88191522
天猫网店：中国财政经济出版社旗舰店
网址：https：//zgczjjcbs. tmall. com
中煤（北京）印务有限公司印刷　各地新华书店经销
成品尺寸：170mm × 240mm　16开　16印张　165 000字
2024年6月第1版　2024年6月北京第1次印刷
定价：68.00元
ISBN 978-7-5223-3169-0
（图书出现印装问题，本社负责调换，电话：010-88190548）
本社图书质量投诉电话：010-88190744
打击盗版举报热线：010-88191661　QQ：2242791300

目录

国家预算治理
大讲堂

李 明

经济学博士，现任对外经贸大学政府管理学院院长、党委副书记，教授，博士生导师，兼任校预算与公共政策研究中心主任。入选国家级高层次人才哲学社会科学领军人才、青年拔尖人才，中宣部国家宣传思想文化青年英才，首批北京社科基金青年学术带头人。主持国家社科基金重大项目、北京社科基金青年学术带头人项目、国家自科基金项目、教育部人文社科基金项目以及部委委托项目等10余项。在权威期刊发表论文30余篇，出版译著1部，作为核心成员参编教育部首批中国经济学教材——《中国财政学》。研究报告被国家社科基金《成果要报》《教育部简报（高校智库专刊）》及教育部《信息报送》等采纳。

第一讲 现代预算制度的实践体系与问题研究*

内容提要

党的十八大以来，我国预算管理制度改革取得重大进展，预算制度建设目标经历了从最初的“全面规范、公开透明”提升到“标准科学、规范透明、约束有力、全面实施绩效管理”，再到党的二十大之后的“综合统筹、规范透明、约束有力、讲求绩效、持续安全”的演变过程。当前，我国发展处于新的战略阶段，面临新的战略机遇、新的战略任务，我国的现代预算制度在预算资源统筹机制、支出和绩效管理机制、控制与约束机制、风险防范化解机制等方面都还有一定的优化空间。报告梳理了我国预算管理制度改革的部署脉络，详细分析了健全现代预算制度的改革实践及存在的问题，指出评价预算制度是否健全的标准既要关注治理的制度体系，也要关注治理效能，后者不仅涉及内部治理效能，还包括宏观治理效能。最后，要推进预算理论与政策的研究，需要加快基础数据库和实践调研基地建设，并储备新的方法论。

---

* 这是李明教授2023年2月25日在国家预算治理大讲堂的演讲稿，根据录音整理，并经本人审阅。

党的十八大以来，习近平总书记围绕完善社会主义市场经济体制作出一系列重要论述，提出“经济体制改革是全面深化改革的重点”，“要使各方面体制改革朝着建立完善的社会主义市场经济体制这一方向协同推进”。这一系列重要论述是习近平经济思想的重要组成部分，为新时代构建高水平社会主义市场经济体制提供了根本遵循。党的二十大报告提出了未来五年乃至更长时间，我国发展的主要目标任务，包括“社会主义市场经济体制更加完善”，并对构建高水平社会主义市场经济体制作出专门部署，明确了经济体制改革的新举措新要求，包括健全现代预算制度、优化税制结构、完善财政转移支付体系。如何理解其中的健全现代预算制度的部署？已有的框架是什么？健全的方向是什么？这都是需要回答的问题。

一、现代预算制度的基本特征与内涵

党的十八届三中全会通过的《中共中央关于全面深化改革若干重大问题的决定》要求，“实施全面规范、公开透明的预算制度”，当时的重点在于强调实施。2014年中央政治局通过的《深化财税体制改革总体方案》，以及党的十八届五中全会通过的“十三五”规划建议，都提到要加快“建立全面规范、公开透明的预算制度”。这样，从党的十八届三中全会开始，包括期间修订的新《预算法》，到党的十八届五中全会，我们对预算制度特征的表述都是“全面规范、公开透明”。

在党的十九大报告中，表述有所调整，调整为“建立全面规范透明、标准科学、约束有力的预算制度，全面实施绩效管理”。着重增加的是“标准科学”“约束有力”以及对绩效管理的要求。党的十九届四中全会提出了一种新的表述：“完善标准科学、规范透明、约束有力的预算制度”，对预算制度特征的表述顺序略作了调整，把“标准科学”提到首位。

对现代预算制度的基本特征而言，根据时间先后，在党的二十大以前，可以梳理出两个版本。1.0的版本，即早期所强调的全面规范和公开透明两大要求。2.0版本始于党的十九大，完整的表述形成于党的十九届四中全会，即标准科学、规范透明、约束有力，以及全面实施绩效管理。文件中的表述有所侧重，顺序的调整和表述的改变首先体现了矛盾的变化，紧接着就是工作重心的调整。这些要求在实践中由一系列的工作和举措来支撑。

（一）规范透明

可以根据党的十八届三中全会、五中全会文件相关内容，新《预算法》规定，《深化财税体制改革总体方案》部署，《国务院关于深化预算管理制度改革的决定》（国发〔2014〕45号），以及楼继伟对党的十八届三中全会部署的解读，党的十九大报告，以及肖捷对党的十九大相关部署的阐释文章《加快建立现代财政制度》，总结提炼我们是如何围绕“规范透明”要求进行具体布局的。

实际上，有很多工作都是围绕“规范透明”的要求来推进的。全面规范的最终目标，是明确四本预算的功能定位，加强对传统一些预算外收支行为的规范，这就是全面规范。全面规范要解决的主要问题或者说矛盾，是不明晰、不合理。

关于预算体系的不明晰不合理，我国政府预算体系中四本预算的推进进程不一致。早期，每个预算的功能定位不是特别的清晰。党的十八大以来，一些预算制度改革是围绕形成一个明晰的政府预算体系开展的。由于功能定位以及预算之间衔接问题的存在，把很多在政府性基金预算中列收列支的科目调入一般公共预算，以及把政府债务纳入预算管理，都是应对不明晰不合理的体现。全面规范还包括清理规范挂钩支出（即法定支出），大量支出安排与相关指标（如GDP指标）、特定财政收入或其他指标关联在一起，对财政资源的统筹配置、支出结构的优化调整形成了非常大的压力；还有规范收入征管，包括顺逆周期问题，以及相关其他的一些不规范，甚至是不合法的问题；转移支付体系的不规范也表现在多个方面，如专项转移支付，尤其在其设立与存续的问题、绩效的问题方面，所以，要优化转移支付体系，特别是对专项转移支付体系的优化，设立共同事权转移支付等；举债融资机制也是规范的一个非常重要的对象；关于预算资金的下达，包括对转移支付资金的下达时限，以及新增债务额度下达的时限都做了一系列的规范。全面规范的要求，在这些举措与部署中都有清晰的体现。

随着实践的发展，随着矛盾主要方面的一些变化，对于规范来讲，开始着重强调预算挂钩支出，转移支付体系、预算资金和预算分配权，这是截至目前依然在规范的对象。很多举措的分类体系随着时间而变化，随着工作重心的转移会进行调整，有些弱化、有些强化。如预算公开，这是“规范透明”要求中很重要的一个体现。

（二）标准科学

可以参考国发〔2014〕45号文件、《国务院关于进一步深化预算管理制度改革的意见》（国发〔2021〕5号），以及肖捷对党的十九大报告的阐释文章，理解围绕“标准科学”要求所做的工作。

标准是一个体系。肖捷的文章指出，要遵循财政预算编制的基本规律，根据经济社会发展目标、国家宏观调控要求和行业发展需要等因素，明确重点支出预算安排的基本规范。这侧重讲支出标准的问题。国发〔2014〕45号文件对标准的概念有更多的延展，有支出标准的问题，还涉及机关运行费，实物定额和服务标准的问题，当然也可以把这些列到支出标准中。同时还涉及了编制，主要指人员编制标准问题，资产配置标准问题，强调了两者与预算的协同；强调了政府收支分类体系；强调了政府财务报告和会计标准。总之，标准不仅仅是支出标准，当然支出标准是重要的组成部分。在国发〔2021〕5号文件中，对标准的表述包括收费或者收入标准、资产配置标准、支出标准，还包括基本公共服务保障标准，以及一个新的概念——政府采购需求标准，同时重申了国发〔2014〕45号文件的财会标准。

因此，“标准科学”中的标准，涉及支出标准、收入标准、资产配置标准、编制标准、基本公共服务保障标准等，“标准科学”对应了一套标准体系的构建过程。

（三）约束有力

仍可结合国发〔2014〕45号文件、国发〔2021〕5号文件，以及肖捷的文章，理解“约束有力”的内涵及围绕这一要求所做的部署。

肖捷的文章强调了三个部分：一是预算执行的控制，二是依法依规征收财政收入，三是强化地方政府债务预算管理和限额管理。总的来看，约束体现在执行的约束和控制上，收入征管的约束和控制上，地方政府债务的管理上。

在两份国发文件的表述中，还涉及其他内容，比如预算绩效管理、国库收付、政府采购，也是“约束有力”重要的着力点。我们也会发现在相关的文件里、在实务部门的工作部署中，有一系列举措是围绕这些方面要求去部署的。

（四）简要的总结

在解析进一步健全现代预算制度之前，首先要搞清楚此前预算管理制度改革的基本框架和目标要求。根据前面的讲解，主要包括几个方面：政府预算体系的完善构建，预算控制与约束的增强等。

在完善政府预算体系方面，进一步明确四本预算收支范围和功能定位，建立统筹机制，将地方政府债务纳入预算管理。

在增强预算控制与约束方面，国发〔2021〕5号文件中强调了党内监督，也就是预算在报送审批之前要送交党委（党组）审议的要求，旨在加强宏观指导，强化党内监督的作用和功能。在最近发布的《关于进一步加强财务监督工作的意见》（中办发〔2023〕4号）中，对监督体系的表述更为庞大，已明确形成了以党内监督为主导，包括人大监督、民主监督、财政监督、审计监督等在内的完整的监督体系，这都是控制和约束机制的重要组成部分；拓展了预算审查监督的重点；建立跨年度平衡机制和中期财政规划，规范预算调整调剂（参见《预算法》《预算一体化管理规范（试行）》等规定），要求全面实施绩效管理；建立并扩大资金直达机制。

在强化预算支出管理方面，支出标准体系逐步建立，例如，人员经费标准、公用经费标准、项目支出标准、编制标准、资产配置标准、基本公共服务保障标准等。支出统筹在加快，一是相关科目以收定支的问题在加快推进处理，二是对一些挂钩支出的清理规范也做了明确规定。支出还涉及资金配置过程中一些程序性的规定，比如如何对于债务资金进行分配，转移支付资金怎么分配，这些都是支出管理的非常重要的方面。对转移支付与债务资金分配实行“公式化+提前下达”的方式，逐步走向规范化，典型的标志就是公式化以及资金下达时限调整。关于支出的管理，其目的在于优化支出结构，提高支出效益。同时存量（结转结余）资金管理改革也逐步加快。

（五）提出健全现代预算制度的依据

党的二十大提出“健全现代预算制度”，有两个重要的现实依据：一个是人民群众对美好生活的向往提高，要求予以保障，提升治理效能；另一个是国发〔2021〕5号文件中提到的：财政处于紧平衡状态，收支矛盾突出，加之预算管理中存在统筹力度不足，政府过紧日子的意识尚未牢固树立、预算约束不够有力、资源配置使用效率有待提高、预算公开范围与内容仍需拓展等问题，影响了财政资源的统筹和可持续性；以及刘昆在阐释党的二十大报告部署时指出的，“现阶段预算统筹力度、预算控制和约束、财政资源的使用等方面仍存在不足”①。这些问题的存在为“健全”提出现实的依据。要在这些方面发力，优化和完善预算制度，通过这些表述，我们对健全的对象和内容也有了一个大致的轮廓。

（六）预算制度基本特征3.0版本

党的二十大以后，预算制度特征的表述有了3.0版本。相关表述最早出现在刘昆《健全现代预算制度》一文中，文章强调要加强构建完善综合统筹、规范透明、约束有力、讲求绩效、持续安全的现代预算制度。中办发〔2023〕4号文件延续了这一表述，现代预算制度特征的3.0版本正式确定。

“综合统筹、规范透明、约束有力、讲究绩效、持续安全”，综合

① 刘昆.健全现代预算制度［M］//党的二十大报告辅导读本.北京：人民出版社，2022.

统筹置前，持续安全置尾，中间的内容与党的十九届四中全会表述差别不大，但删去了标准科学。个人理解，标准科学融入到了约束和规范的内容中去了。目前综合统筹以及持续安全的要求凸显。

现代预算制度的以上特征要求勾勒出了预算制度健全的方向，重心可能在这几个方面：预算资源统筹、支出和绩效管理、约束和控制、风险防范化解机制。这是需要重点关注的，是未来预算管理制度改革重要的着力点。

二、强化预算资源统筹

怎样理解强化预算资源统筹？目前有哪些部署？未来改革的方向是什么？这涉及对预算资源统筹的理解。梳理党的十八大以来有关预算资源统筹的部署，论述比较全面的，是2015年发布的《国务院关于印发推进财政资金统筹使用方案的通知》（国发〔2015〕35号）。“十四五”规划纲要也明确要求加大预算资源统筹。国发〔2015〕35号文件明确分层次推进预算资源统筹，列举了统筹的具体对象和内容，包括项目资金的统筹、重点科目资金的统筹、部门资金的统筹等，关于部门资金的统筹不仅仅是部门内部资金的统筹，还包括跨部门资金的统筹。同时推进四本预算之间的统筹，推进跨年度预算资源的统筹，推进各类收入的统筹（主要是税、费等相关收入的统筹），以及存量和增量资金的统筹等，涉及的类别相当庞大。

强化预算资源统筹的工作已经推进了多年，对未来推进的方向也有了一个初步的了解。从学术研究的角度看，有很多问题值得特别关注，一方面为了评估成效和发现问题，另一方面为进一步推进相关工作提供一些启示。

（一）科目统筹的问题

一是以收定支的问题。收支互不相属是预算的基本原则。我国大部分科目已取消以收定支，但目前仍有少部分科目的取消存在障碍和阻力。当然，这也有客观原因。以车购税为例，车购税采取的是典型的以收定支的管理方式，其征收对象较为明确，支出方向（交通建设）同样较为明确，应属逐步规范的对象。但客观上存在不少障碍，由于面临新交通基础设施建设和旧交通基础设施维护的问题，交通部门对此较为谨慎。近年来，车购税优惠特别是新能源车免征，形成了较大的冲击，相关收入下降。在新的保障不足的前提下，怎样去解决这些突出矛盾，还是有很大压力的。

二是挂钩支出的问题。挂钩支出也称法定支出，一般公共预算中的挂钩支出或法定支出主要包括七类，即教育、科技、医疗、农业、社保就业、文化和计划生育。党的十八届三中全会提出清理规范挂钩支出问题，中央深改委和国常会也通过并下发了相关清理规范的办法。按照2020年的统计口径，以上几项支出占一般公共预算支出的比例大体为53%，如果不能很好地清理规范，一般公共预算支出中有近53%的资金已经被挂钩支出锁定，能够优化调整的比例就很有限了，对支出结构的优化造成了极大的障碍，导致资金支出的效率不高。所以，要密切跟踪挂钩支出的规范清理过程，评估其事实和影响，当然也要警惕一种可能，即一些地方和部门借规范清理之机，推卸支出责任，导致一些公共产品和服务保障下降。

（二）国有资本收益上交及国资预算调出问题

国资预算与一般公共预算的统筹协调的问题。首先是国有资本收益上交比例的高低问题，其次是国资预算的调出问题，即国资预算向一般公共预算调出资金的比例的设定问题。实施国资预算以来，相关行业国资收益上交比例，截至目前最高是25%，同时仍有部分类型企业的收益没有纳入国资预算体系。国资预算覆盖范围扩大的过程确实增强了国资预算的实力，且随着国资预算向一般公共预算资金的调出，也增强了一般公共预算的保障能力。但另一方面，还要考虑制度安排带来的综合影响。举个例子，2007年国资预算实施，此后国有企业的层级在扩大，非国有企业的层级在缩小，企业的层级和企业的经营范围往往是相关的。2015年发布的《中共中央　国务院关于深化国有企业改革的指导意见》明确，国有企业改革的基本方向之一是聚焦主责主业、合理限定层级，但从实践看，可能与要求不符。我们近期的一项研究关注了两者之间可能的联系，发现国有资本经营收益上交比例的提升驱动了企业层级的扩张，其背后可能是企业规避上缴的一种策略性反映，即通过构建企业网络实施盈余管理。如这一猜测属实，就意味着我们要合理确定上交比例，或者至少要采取相关举措，防范国有企业的此类策略性行为。

（三）跨年度统筹的问题

跨年度统筹最重要的着力点之一是预算稳定调节基金。早些年预算管理面临的一个突出的问题是超收，引发社会广泛关注，在这一背景下，我国确立了预算稳定调节基金制度，明确将超收收入等纳入基金管理，基于丰年储备、荒年动用的目标，实施跨周期调控。从理论上来讲，预算稳定调节金的使用应该具有逆周期调节功能，经济形势好时，预算稳定调节基金收入相对多一些，因为它主要来源于一般公共预算中的超收收入、结余资金，以及政府性基金中结余超过30%的部分。经济形势好时收入多，差时支出多做安排，因此，理论上收入应是顺周期的，支出应是逆周期的，跨年度统筹实际上是在建立一种新的宏观调控机制。但我们对部分省份数据的分析显示，我国的预算稳定调节基金运行目前还没有很好地呈现上述周期性。

（四）社保基金（养老保险）统筹

目前较为关注养老保险的全国统筹。统筹针对的是增量而不是余额或者滚存结余部分。省份层面上解多少，根据该省职工的工资水平、参保人数，乘以相应的上解比例来确定。中央统筹后去拨付，分配给省的资金与核定的该省份的离退休人数，以及全国人均拨付额相关，全国人均的拨付额等于中央筹集的资金除以全国的离退休人数，是全国层面的均值。对单一省份而言，其所得部分和上解部分的差额，是净收益额（或净上解额）。养老保险全国统筹极大地均衡了地区支付压力。除此以外，我们的研究还注意到，统筹改善了职工预期，对激发消费也有帮助，但也要警惕可能存在的道德风险，特别是要防范一些净流入地，借机减少一般公共预算对社保基金的补助力度，或者在补助结构上有进有退，不能很好履行支出责任。

（五）其他问题

非财政拨款收入的统筹。一些部门下属有较多事业或经营性单位，事业收入、经营性收入体量大，所以其非财政拨款收入的占比相对较高，要加快推进非财政拨款收入的统筹。政府性资源方面，按国发〔2021〕5号文件要求，将依托行政权力、国有资源（资产）取得收入以及特许经营权拍卖收入等，全面纳入预算管理。资产管理也需要重点关注，国发〔2014〕45号文件要求完善人员编制、资产管理和预算管理相结合的机制，但由于涉及部门协调和技术等问题，客观上衔接得还不够好，造成了预算资源的耗费。

三、预算支出和绩效管理

推进预算绩效管理，绩效评价及其应用是重要的一环。财政支出绩效是预算资金达成的产出和效果，对其进行评价是考察预算贯彻落实国家战略和政策成效的关键一环。尤其是在当前财政收支矛盾加大、债务和财政运行风险加大的背景下，以评价促改革，推动提升财政资源配置效率和资金使用效益更为紧要。

从对象看，预算绩效评价包括项目支出绩效评价、部门和单位整体绩效评价和财政预算绩效评价三类。从实践看，我国预算绩效评价发端于项目支出，近年来，在自上而下的推动下，逐步向部门和单位整体绩效评价扩展。

我们认为，当前应该高度关注财政预算绩效评价。这有多方面的原因。例如，理想的评价对象的选择要能与财政事权和支出责任匹配，否则就会出现这样的情况：同一件任务由多家主体完成、承担支出责任，只考虑一个部门或单位，就会导致绩效高估。同时，理想的评价对象的选择还要求便于设定评价指标，让这些指标更很好地体现国家的战略和政策，否则就会出现评价得分很高，但与国家战略和政策不相关或弱相关的情况。无论是某一具体的项目支出，还是部门和单位整体支出，往往都是某一任务或工作的一环，不是支撑产出和效益的全部投入；同时，评价指标过于具体、细化，不似在全国、省、市、县层面评价财政预算时投入—产出口径较为完善，可设定的指标更能反映国家战略和政策全貌或地区工作重心。

基于以上，近期我们在全省层面做了一些探索研究。动态来看，全球金融危机以来，我国地方财政支出绩效总体先降后升，经历了2008—2011年的稳定下降，2012—2017年的明显提升、2018年以来的小幅下行3个阶段。分地区看，西部地区财政支出绩效无论是增幅还是降幅，表现总体优于东部和中部地区。我国地方财政支出绩效呈现出一定的周期性。首先呈现出一定的政治周期，表现为在党代会召开的前1年和当年，支出绩效好于其他年份。其次是逆财政周期明显，表现为新增债务率攀升、财政压力加大时，财政支出绩效改善。静态看，地方财政支出绩效存在明显的省际差异。根据对30个省份2008—2020年财政支出绩效的聚类分析和排序变化的考察，东部地区财政支出绩效的绝对水平整体好于中部、西部地区。进一步分析表明，近年来，我国财政支出绩效的省际差异呈震荡上升趋势。

以上结论展现了全球金融危机以来我国地方财政支出绩效的基本概况，有丰富的启示。特别是与部门和项目支出绩效相比，财政支出绩效仍有较大的提升空间。相较部门和单位整体、项目支出，财政预算绩效评价结果与支出结构关系更密切，因此，我们建议密切关注财政支出的配置效率，把预算管理改革的重心放到支出结构调整上。

（一）支出结构调整的动力

大量的文献认为，财政预算绩效与支出结构有更大关联，进而促使学者们关注支出结构的问题。如果说优化支出结构是提高财政预算绩效的重要动力，就有必要深入地去理解和研究支出结构调整背后的动力，为推动优化财政支出结构提供智力支撑。仔细研究我国财政支出结构演变，可以看到，总体走的是一条令人可喜的、有成就的道路。很多早期文献认为，中国存在支出的结构性偏向，在民生领域投入低，但长视角地看，我国民生支出从1998年起，占比开始持续稳定增长，经济建设支出则总体呈下滑趋势；在2007年收支分类科目调整后，采用新口径看，民生支出比例也在大幅上升，经济建设支出一度因为全球金融危机而有一段时间攀升，但近年来也在陆续下降。

基于近40年来全国类级科目支出数据，我们发现，我国财政支出结构大幅度的调整集中于1992年前后、1999年前后、2003年前后、2009年前后、2016年前后和2020年前后。这个重要的时间点与重大战略调整、经济危机冲击、重大税制改革等有时间上的耦合，这意味着重大战略塑造、重大风险冲击以及税制改革引发的政府间财政关系的调整，可能是支出结构调整的重要动力，值得我们高度关注，深入探究其与支出结构优化调整间的关系。

（二）支出标准问题

近年来有一个倾向，即通过支出标准体系建设，推动支出结构优化调整。在大量的文件表述中，也都把两者联系在一起。通过支出标准来确保预算资源的配置，从理论上来讲，有助于支出结构的优化。问题在于，现行支出标准体系是否科学合理？标准的确立，目前较多采用的是基于历史数据进行简单的加减和平均。怎样更好地优化，实现标准体系的科学和动态调整，迫切需要我们去探讨，探索用更丰富的数据、更科学的方法支撑支出标准体系建设。

四、预算控制与约束机制

《深化财税体制改革总体方案》明确，预算制度的主要功能，是强化预算约束、规范政府行为、实现有效监督。为实现这一要求，我国做了大量工作。例如，完善建立审查监督体系、规范预算调整调剂等。这其中的重中之重，应该是推进预算公开，希望借助公开的力量，上下结合，增强预算控制和约束。

2008年《中华人民共和国政府信息公开条例》发布后，我国预算公开进程加快，一系列规章制度密集出台。不过，与自上而下的重视相比，我们近期的一些研究发现，社会公众对预算公开的关注度还不是很高。基于大数据披露的社会公众对预算议题的搜索信息，我们发现，在地方层面（省和地市）预决算信息发布前后，社会公众搜索热度的变化并不十分显著，中央层面的变化则是显著的。

这意味着：首先，决策层或者说相关部门对预算公开工作是很重视，但社会关注度并没有太高。其次，社会关注度与预算资源结构之间存在一定程度的背离，地方一般公共预算支出约占85%，中央约占15%，社会公众关注中央预算信息，但对地方关注不足，有效监督的目标不易实现。学术界一直在关心，预算公开是不是发挥了作用，以及通过什么样的渠道发挥作用。从我们的研究来看，我们倾向认为，如果有作用，更可能是通过内部监督——通过规范政府内部的行为发挥作用。由于公开要求和标准的存在，会使得政府有关部门和单位的行为模式发生一定的变化，达到治理的效果。

五、评判预算制度健全与否的标准

评判一项制度健全与否，常用的标准是制度体系是否完备，也就是通常说的治理体系现代化。与其他领域的制度不同，财政是国家治理的基础和重要支柱，预算制度又是财政制度的基础，因此，我们不能仅通过预算自身治理体系和制度运行情况，评价预算制度健全与否，这至多只是预算的内部治理效能。我们更要关注预算的外部治理效能，这是预算非常重要的功能，是宏观治理。宏观治理职能是从政府与市场、政府与社会、政府与政府间关系的角度来看的。以政府与市场、政府与社会关系关系为例，我们更要关心预算管理制度的改革，相关举措的推出，是否能够很好地引导市场主体调整其行为，引导社会相关活动主体调适其行为，支撑经济社会的稳定和高质量发展，这就是外部治理效能，是我们更要关注的。

互动环节

◎ 提问一：

第一，大数据分析等一些分析方法在预算管理的哪些具体领域有较大的应用空间？第二，预算研究的学科交叉融合是如何体现的，例如采用了哪些公共管理学的研究方法？

◎ 回答：

关于第一个问题，政府采购肯定是一个非常重要的领域，很多项目支出标准的确立可能也可以应用到，还包括审查监督。例如，对政府采购的审查监督。我们可以通过有监督机器学习的方法（先人工打标签，进而不断训练模型），对政府采购中的腐败行为进行判断。但这些都建立在一个非常重要的前提之上，即能得到颗粒度非常细的数据。例如，想建立项目层面的支出标准，就需要先获得大量的项目层面的具体支出的基础数据，但这些目前仍较难实现，财税领域的数据公开还有较长的路要走。不过有必要推进这一工作，不仅是为了畅通学术研究的渠道，更重要的是为健全现代预算制度贡献力量。

关于第二个问题，可以举一个例子。预算研究的基本问题是预算资源配置问题，通俗一点讲就是预算安排的逻辑是什么。公共管理学发展出一系列理论，对此进行提炼概括。例如，提出了渐进预算理论，根据一定的法则（如5%、10%的增减幅度），判定是否属于渐进；面对一些突变的调整，提出了间断—均衡理论，不断尝试去修正判定不同模式的标准，以及所观察到配置模式背后的逻辑，所用范畴和话语体系，心理学、统计学、政治学、经济学等兼有，本身也是典型的学科交叉。

◎提问二：

怎样识别报告中提到的相关预算科目支出的间断式变化是否是相关事件驱动的结果？报告提到，公众预算关注的焦点与预算资源在中央和省以下政府之间的分配存在背离，理论上，政府预算公开最大的受众面就是社会公众或者说纳税人，但为什么纳税人对此的关注度没有那么高？你猜测，目前预算公开可能主要通过规范政府内部行为发挥作用，但对内部的约束会不会减弱？

◎ **回答：**

关于第一个问题，间断式调整与相关事件的关系需要借助科学的方法去识别。报告提到的一些调整和一些事件间的关系，有些我们做过识别，得到了确证，有些正在推进或计划推进研究。在识别的过程中，我们首先从具体的历史情境出发看相互之间的联系，这其中借助了大量的重要历史文件、史料、回忆录、有关学术研究成果等，进而再采集相关数据，展开实证识别。举一个例子，2002年之后，我国部分财政支出科目有大幅度地调减，比如企业挖潜改造支出、亏损补贴支出等，我们猜测，这与当年进行的所得税分享改革有关。理论逻辑是什么呢？总的来说，所得税分享改革把以往按隶属关系划分所得税的方式调整为中央与地方共享。对地方来说，用相同的预算资源支持企业，获益下降，这可能导致地方政府配置预算资源的激励发生变化。我们基于所得税分享改革对不同地区的异质性冲击，识别证实了猜测，我们认为这一改革在一定程度上可能还解决了长期存在的软预算约束问题，重构了政府和企业间的关系。

关于第二个问题，如果没有制度的持续优化，当自上而下的压力下降时，预算公开内容以及预算公开对内部形成的压力有可能会减弱，所以，怎样自上而下与自下而上相结合，形成合力，让预算部门和单位持续重视预算管理工作是一个很大的挑战。本次报告中，我提到了一个工作——标准化，包括报表的标准化，如各地的报表制式不同，信息披露得不充分，横向可比性不足，可否研究制定一个全国统一的报表制式，统一执行，也让社会公众一目了然，便于开展横向比较。这样公众参与的积极性可能会高不少，形成合力推进确保预算约束有力可能要容易得多。总之，这一块还是有很多工作可做。

范子英

现任上海财经大学公共经济与管理学院院长、教授、博士生导师，上海财经大学讲席教授、创新团队首席专家。教育部“国家级人才项目”特聘教授。主要从事公共财政和发展经济学方向的教学研究工作。主持国家社会科学基金重大项目、国家重点研发计划、国家自然科学基金面上项目、青年项目等省部级以上课题20余项。在《American Economic Review》《中国社会科学》《经济研究》《管理世界》《经济学季刊》等国内外一流期刊发表论文70余篇。多篇论文被新华文摘、人大复印报刊资料、高等学校文科学术文摘等转载，并在《澎湃》《中国新闻周刊》《财经》《中国财经报》等有影响力的新闻媒体发表媒体评论多篇。曾获得教育部高等学校科学研究优秀成果二等奖、上海市哲学社会科学优秀成果一等奖、第三届张培刚发展经济学青年学者奖、宝钢优秀教师奖等多项荣誉奖励。

第二讲 减税降费的旧模式与新挑战*

内容提要

近年来，中国面临着多重超预期因素冲击，同时承受着经济下行的巨大压力。习近平总书记多次就实施更大规模的减税降费政策作出重要批示，强调减税降费政策要真正落实到位。大规模减税降费是由于宏观税负讨论活跃、供给侧结构性改革、全球减税浪潮等因素共同作用的结果，自2013年就新形势下提出稳定税负新要求以来，到2019年更大规模减税降费政策的落实，有效推动了各行各业减税降费、轻装上阵、转型升级、结构优化、增效赋能，为社会主义市场经济高质量发展注入新动能，为涵养税源提供了良好条件。但旧模式下的减税降费也带来了政策泛化钝化、体系碎片化及系统性风险等挑战。为适应新时代中国特色社会主义经济社会发展需要的制度安排，减税降费政策应立足中国、放眼世界，服务于中国式现代化、国家重大战略及税制的优化多重目标。

* 这是范子英教授2023年4月23日在国家预算治理大讲堂的演讲稿，根据录音整理，并经本人审阅。

中国的财政和税收领域有两件事出现的频率很高，且对中国过去和未来发展的影响非常大。第一个关键词是债务，大家都很关心中国的政府债务，这些年大家的关注点会慢慢从表外债开始转到表内债，特别是转到表内债的专项债。若要关注中国财政接下来5—10年的发展，债务会成为一个更加重要的点。第二个关键词是减税降费，“减税降费”四个字出现的时间非常短，但在一个非常短的周期里却能成为社会议论的热点。在经济发展的正常周期里，减税降费应该很重要，但是不应该这么重要，不应该成为整个财税改革和全社会最关注的点。

一、减税降费政策的成因

政府工作报告是了解财税政策的重要窗口，除了2013年的政府工作报告之外，其他年份都在强调减税。2008年、2009年全球金融危机后很长一段时间，减税的政策都在实施并进行相应的落地。而相比之下，关于降费的工作强调得少，政府工作报告里提到降费是2014年才开始的（见图1）。

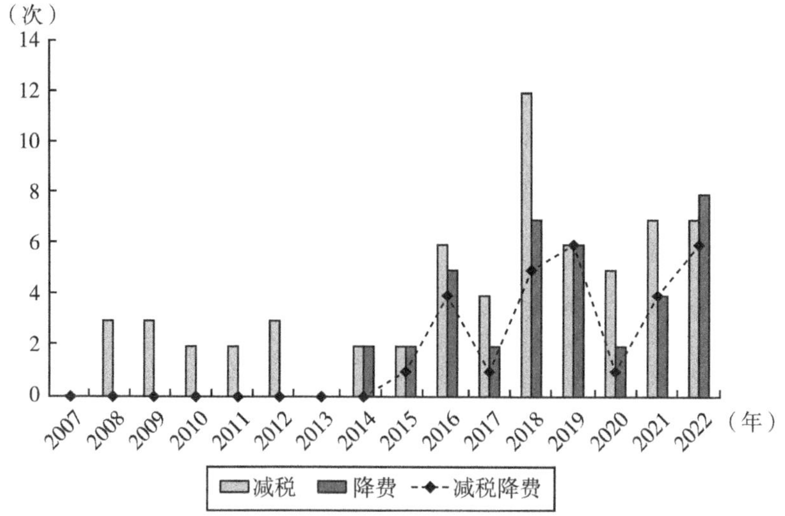

图1　政府工作报告关键词频

在减税的具体类型中，我国长期以来都在强调结构性减税。从2008年开始一直到2012年，每一次强调减税，实际上都是结构性减税，但是在2017年、2018年之后，强调了更多减税的类型；在2018年、2019年，出现了普惠性减税；在2021年，出现了制度性减税。减税类型背后支撑的是具体的减税政策，新的政策都配套了新的减税类型。

2016年有明显的减税词频数量的上升，说明2016年政府工作报告非常重视减税这项工作。而2018年减税出现的词频更高，并出现了新的减税类型，比如普惠型减税。这些特殊的时点对理解我国减税降费的时代特征十分重要。此外，在2007—2012年这段时间，虽然每年都在强调减税，但并未把减税作为一项成绩，2016年才第一次把减税的额度作为减税降费的一项成绩。在2016年的政府工作报告中，第一次出现了减税降费6196亿元，首次将它作为一个成绩强调出来，自此以后，每年财政部的财政预算工作报告都会强调减税降费的额度，并且在绝大多数年份值是越来越高的，说明真正把减税降费当作工作成绩来对待的时间还是相对较晚。

从公开的材料来看，2016—2022年中国减税降费了共12万亿元，这占政府所收税总额的11%，是名副其实的大力度减税。其中，2022年的比重为历年最高值，接近20%，这是因为当年实施了一项特殊的税收政策——增值税留抵退税，在2022年的3.4万亿元减税额度中，有2.6万亿元是留抵退税的额度，留抵退税是一项特殊的税收优惠政策，是将税收在时间上进行的再配置。

从这些回顾中可以看出，2016—2018年是整个减税降费政策的重要转折期，是什么促使了这种政策转变？如果我们穿越到那个时间点，会发现有三件事情共同促成了大规模减税降费政策。

（一）宏观税负的社会舆论

1.宏观税负的提出

如用百度指数来反映群众对减税降费的关注度，从搜索指数来看，群众真正关心的是减税，而不是减税与降费一起搜索。减税搜索的词频在2018年的两会期间达到了历史的最高点。在2019年年终，新的政策催生新的搜索，2020年以后，关于减税的搜索降到很低。每年3月会有一个激增，因为每年3月1日开始进行个税的汇算清缴，所以群众会关注这件事。

这些年在所有官方表述中对于减税降费的讨论，有一个很关键的词，就是宏观税负。1994—2001年，所有的官方文件都在强调提高“两个比重”——全国财政收入占GDP比重和中央财政收入占全国财政收入比重。2003年，第一次强调税制和征管之间的配合，有了十二字方针“简税制、宽税基、低税率、严征管”，之后在2006年前完成了农业税和农业特产税的改革。2007年为强调税收公平，外资企业所得税和内资企业所得税并轨，在同一个市场竞争，享受同一类型的税收地位。真正强调减税是在2008年的中央经济工作会议中提出了结构性减税政策，比如2009年增值税由生产型转为消费型，2012年开始进行营业税改征增值税的改革。2013年党的十八届三中全会提出稳定宏观税负，而改革基本上还以结构性减税为主，没有做特别大的调整。真正的调整是在2016年，中央政治局会议提出要降低宏观税负，这是一个大方向。2016年提出后，2017年、2018年、2019年颁布了大量降低宏观税负的减税政策，比如增值税的降率，增值税的基准税率由17%降到了现在的13%。小微企业的减税，所得税减半再减半，增值税的起征点也大幅提高，从原来的3万元，到10万元、15万元，等等。

2. 中国的宏观税负水平

到2020年，特别是2021年年初，很多事情已经发生根本性变化，所以在2021年财税工作会议上，又重新回到稳定宏观税负的大方向。中国在部分年份做出了一些比较大的调整，特别是比较激进的减税降费政策，其中一个很重要的驱动因素是关于宏观税负的讨论。2017年，普华永道在全球各国做过一个模拟实验，在这些国家经营一家公司，如果按照政府要求进行纳税，它的综合税负为多少。模拟发现中国是非常高的，达到67.3%，排在全球前列。这家在中国运营的企业需要缴纳企业所得税、劳动税和其他一些小税种，其中的劳动税实际上就是中国的社保。

这个结论遭到很多人的反驳，第一，它是模拟的，不是真实的，以占中国综合税率最大份额的劳动税（社保）为例，绝大多数企业并没有按照法定费率缴足，远远达不到48%的水平。第二，这里的税收只包括直接税，不包括很多间接税。在2016年前后，有很多的企业家认为中国的税负比美国高，这是因为美国没有增值税，中国有增值税。但是中国的税制与美国不一样，中国主要是间接税，间接税主要来自于企业部门，美国主要是直接税，来自居民，例如美国的个人所得税占联邦收入的70%。所以将一个在中国经营的企业和一个在美国经营的企业直接进行比较是不合适的，因为两国税制不一样，中国的交税主体是企业，美国的交税主体是企业背后的自然人。如果考虑到间接税的税负转嫁，这个问题就更复杂，例如，按照“价税分离”原则的增值税，中间生产环节的企业，其缴纳的增值税都是全部转嫁到下一个环节，因此，很难将企业缴纳的增值税计为企业税负。正是这些因素，在跨国研究中很少直接比较某一部门或者某一群体的税负，而是将一国作为一个整体考虑，即宏观税负。

中国的宏观税负，即用一般公共预算的收入，所谓的窄口径的财政收入除以GDP，从2000年开始一直到2015年、2016年这段时间，这个值一直在上升；如果换成税收除以GDP，从21世纪以来，到2014年、2015年，这个值也在上升。毫无疑问，中国宏观税负在这段时间确实在上升，也对应了前文提及的“两个比重”提高的政策导向。将这个现象换一个表述，就是财政收入的增速超过GDP的增速，这就是大家所讲的中国税收收入超速增长之谜，正是因为在大多数年份，中国的整个的税收增长速度远远超过GDP，才导致税收占GDP比重上升。

3.宏观税负的不同口径

中国不止有一本账，财政有四本账，其中有两本账，第一本是一般公共预算，第二本是政府性基金，这两部分都是政府可以支配的收入。什么是宏观税负？宏观税负与国家分配论的概念类似，即政府为了履行职能，从一年当中的产出里所分得的部分，例如，假设中国的GDP为100万亿元，政府如果分得40万亿元，宏观税负就是40%，如果分得20万亿元，宏观税负就是20%。这能反映一段时间内国民经济的平均税收负担率，在这个定义中，GDP不仅是一个分母，也是一个约束，分子的税收就只能包含完全来自GDP的税收。现实中的很多税收不是来自GDP，比如来自财产，所以严格来说不能把税收直接除以GDP算作统计意义上的宏观税负。

现在用得比较多的是IMF的口径，它是从所谓的权利和责任角度来定义的，税收收入与强制性社会保障缴款之和，除以国内生产总值。假设要计算这个负担，首先要能够界定它是一种负担。税收应是减少了企业的权益，增加了政府的权益和净值，这才是企业的负担。但如果有一项政府的收费或者税收，虽然增加了企业的税收，但是同时也增加了企业的权益，就不能作为一种负担，就不应该成为宏观税负的一部分。比如国有土地的有偿使用，这里的出让金是一种交易，这种交易意味着一种生产性资产交易行为，比如政府把40年或者70年的土地使用权出让给了企业，企业损失了土地出让金，但企业的权益也在增加，由于这是一种市场行为，因此也是完全等价的。从会计报表来看，只是政府土地资产的减少和货币资金的增加，按照负担的角度，它就不应该算作宏观税负。

在每年的中央财政决算报告中，最后一张表是财政部按照IMF口径去统计的中国广义上的政府收入，这与IMF官方的数据完全一致。2020年，我国的广义政府收入是25.1695万亿元。在IMF的官方网站上，中国2020年也是25.1695万亿元，并且能够细分出税收是多少，社保是多少。从IMF网站上不仅可以获得中国的广义政府收入数据，也可以获得全世界所有国家的广义政府收入数据。把所有国家的广义政府收入除以其当年的GDP，可以算一个跨国可比的宏观税负。中国2018年的宏观税负为28%，比美国要低一点，美国为30%，可以看出加拿大与欧洲国家更高，因为整个欧洲的福利体系负担是非常重的，日本和俄罗斯也比中国高。如果把主要大国的经济体都进行横向比较，可以得出中国的宏观税负相对不高的基本结论。但是从时间趋势上，早期我国是上升，但是在2015年、2016年之后，按照IMF的口径，在急剧地下降，有可能的原因是减税降费本身会使得这个值下降（见图2）。

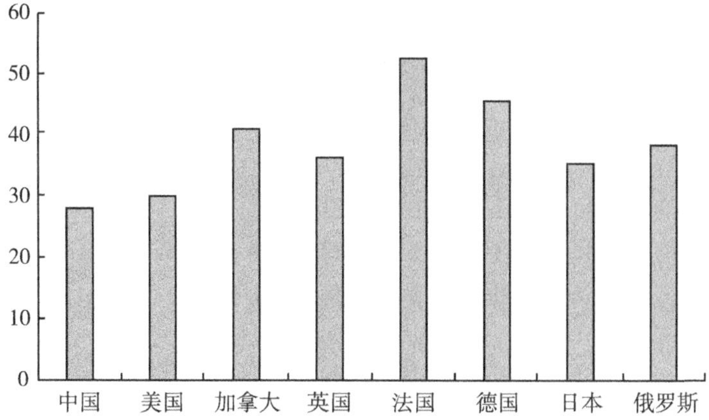

图2　2018年各国宏观税负（IMF口径）

宏观税负没有想象中那么高，并不代表企业的负担不重，这是两个不同的概念。虽然宏观税负不重，但是税负在国内不同市场主体的分布有结构性的差异。总体来讲，中国制造业的负担相对来说比较重，如果企业的规模较小，其负担会轻很多，下游企业的负担比上游企业轻。

（二）推行供给侧结构性改革

减税降费政策的提出还有一个原因是供给侧结构性改革，这在2015年、2016年前后发生，提出了“三去一降一补”，即“去产能、去库存、去杠杆、降成本、补短板”，现在已基本完成。这五个中心任务与减税降费最直接相关的是降成本，当时提出很多降成本的方式都无法实现，比如企业降劳动力成本、租金成本、物流成本，原因很好理解，A企业的某项成本对应了B企业的收入，降低某一方面的成本，等同于减少某一群体的收入，最终只能从企业的税费成本入手。

2016年前后，结构性改革驱动减税降费政策，特别是社保降费政策。企业降成本不合适，因为成本支出对于企业是成本，但对于其他关联方是收入，比如雇用一个员工，这算劳动力成本，而要降成本实际上降的是该员工的收入，从平衡角度来讲也就意味着成本支出等于要素的收入，所以不适合大量去压缩成本支出。企业税费对应的是政府收入，此时政府主动向市场让利，符合供给侧结构性改革的长期导向。

（三）全球减税浪潮的冲击

以上两点都是内因，外因则是美国前总统特朗普的减税。2017年的12月22日，特朗普税改正式实施，TCJA（Tax Cuts and Jobs Act）法案正式签署，此税改是最显著、最剧烈的，与美国税收的很多法案相比力度更大，甚至可以与1986年里根的税改相提并论。特朗普把美国的累进企业所得税改为flat rate比例税，均改为21%。他对美国的个人所得税进行改革，把最高的税率由39.6%降到37%。虽然改革力度最大的是企业所得税，但是企业所得税在美国是相对不重要的，美国的企业所得税在美国的税收结构里只占7%，而个人所得税占到32%。在联邦财政里，个人所得税占到70%，所以这意味着美国最主要的税收来源是个人所得税，而不是企业所得税，将企业所得税税率从35%降到21%，这对财政的影响是很小的，相反，对其财政影响最大的是占比32%的个人所得税，但个税的边际税率调整相对来说非常保守。中国的情形完全不同，中国的企业所得税在2015年的税收结构中占比21.23%，对中国财政的重要性远超美国，所以不能因为美国调整，中国也效仿进行调整。对两个国家来说，其各自的税制结构也完全不同。所以也不能将中国与美国进行比较，因为其税制结构不具可比性。在这方面，中国跟欧洲有些国家更加相近一点。

二、减税降费带来的新挑战

（一）减税降费的泛化

大家似乎把减税降费作为“万金油”，任何事情只要实施，最后肯定落到减税降费的政策。所谓的发展政策化，要发展就要提出一个特殊的政策，比如发展汽车这个行业，要求政策财政化，就是减税政策，最后就会发现任何一个产业的发展，任何一个地区的发展，最后的目标诉求非常明确，就是一个减税的政策，其实它就是一个垄断性的特殊税收待遇。这是减税政策的本质含义，别人交25%的税，如果想要发展，就只交15%的税，给一个优待，在市场上就具有成本优势，最后转变为价格优势。但如果大家都是15%的税，这个政策就没有任何价值，所以这是一个垄断性的特殊税收待遇，在一个竞争性市场中，这样的政策是不公平的。

这些年有很多政策都与减税降费相关，比如创新不足，为刺激创新，提出高新技术企业有15%的税率优惠，以及R&D（科学研究与试验发展）的加速折旧、R&D的加计扣除。一开始扣除率50%，后来提高到70%，现在到100%。关于消费不足和投资不足，已提出很多减税降费政策。鼓励某一行业或者某一环节的税收激励政策，总体上是各国都经常采用的政策，虽然这些政策的实际效果存在争议，但由其带来的负面溢出也相对较小。

但区域性（place-based）税收优惠政策会带来混乱。为了鼓励或者扶持某些区域的发展，往往也会配套一些特殊的税收优惠，由此形成了各色的“税收洼地”，对其他地区正常经营的企业产生了负面影响，有些企业也会为了追求税收套利而无序流动。最后发现中国的减税降费政策不是太少，而是太多。

（二）减税降费的风险化

1.财政的“不可能三角”

减税存在“不可能三角”，就是减税政策、积极财政政策和控制债务风险之间是不可协调的。这里存在一个等量关系，财政支出等于财政收入+债务收入，如果财政的收入不足就需要借钱。但当需要控制债务风险的时候，只有削减支出、增加税收这两种手段；当需要减税的时候，要同步减支，才可以降低债务风险。但如果希望三个都做，既要减税又要增支，还要控制债务风险，最后肯定有一方控制不住。我们这些年减税增支，2022年支出26万亿元，税收才刚超20万亿元，而最后填缺口只有债务，所以这些年表内债务增长非常显著，未来也会产生一些系统性风险，减税降费的系统性风险中最大的风险就是债务风险。减税降费的风险开始外溢，外溢到与减税无关的另外一个领域。

2. 财政困难

日本在20世纪80年代末90年代初，资产泡沫破灭后，遭遇最大的问题就是财政困难。在20世纪90年代初，日本的财政支出一直在上涨，因为一旦经济开始停滞，有大量的社会福利需要支出，有大量的家庭、企业和金融部门需要救济。经济一旦下行的时候，财政支出一定是扩张的，因为社会的需求对财政托底的需求越来越旺盛。但在财政支出上升的同时，日本政府的财政收入在下降。日本的财政总收入从1990年、1991年就开始逐年下降，后来就维持在一个比较固定的水平，2018年前后，日本政府的财政收入总收入与20世纪90年代差不多，都是60万亿日元左右，这非常不正常。日本为了减少其支出压力，专门发行建设债券，然后不断地突破债务上限，通过专项赤字融资债券筹集资金，所以日本的债务非常高。现在日本超过所有的OECD的国家的债务率水平，已经到了250%，其中很大一部分原因就是财政赤字货币化，它的债券卖给了养老基金，养老基金是老百姓的钱，用老百姓养老基金的钱买政府的建设债券，实际上还是向老百姓借钱。

从2016年开始，中国也出现类似情况。中国的财政支出在急速地扩张，财政收入也在增长，但是两者之间的差距越来越大，与日本在90年代后差距的扩大有点像，但没有日本那么严重。经济增速开始下降到一个相对较低的水平后，财政支出是没办法控制的，同时财政收入的速度也在快速放缓，所以债务增加。2022年年底中央财政国债余额是25万亿元，地方政府债务余额35万亿元，其中最主要的还是专项债。债务余额去年已经达到61万亿元，除以GDP后百分比接近50%，目前看是相对来说比较健康。但回顾日本当年的财政困难，在90年代初也没什么问题，真正问题出现是90年代后期，有大量的政策实际上是错误的。其中有一个错误的政策就是，日本在财政收入下滑时同步推行了很多减税政策。

日本在20世纪90年代最主要的税是个人所得税，个人所得税在1990年出现高峰，后来急速下滑有两个原因：其一是收入本身受到经济的影响，其二是日本对个人所得税实施了很多减税政策。后来财政不足以支撑其支出，日本政府只能新开征了消费税。日本的消费税类似于中国的增值税，日本从1990年开征消费税，初始的税率是3%，在1997年有很明显的上升，税率提高到5%，2014年提高到8%，然后计划在2015年继续提高到10%。首先日本设立消费税的初衷就是为了解决财政危机、填补缺口，后来发现难度极大。实际上，日本在2015年让消费税的税率由8%提高10%没有成功，因为在2014年提高8%后，整个经济有明显的下行，不得不推迟了加税的时间。这说明减税政策相对来说比较容易执行，加税政策特别困难。

3.财政收入质量不高

2015年之后，中国的增值税收入有比较明显的增长放缓，特别是到了2019年，与2018年相比几乎没有增长。2020年因为疫情的原因没有增长，2021年又回到了2019年的水平。如果维持一个比较正常的增长态势，2021年时，增值税的收入应该是10万亿元，而不止6万亿元，比现在中国的增值税收入要高出接近60%，这60%可以解决财政收入不足的问题。这就是第二个挑战，减税降费会带来系统性的风险，给财政带来巨大的困难。在财政没办法减支的情况下，只能提高财政资金的使用效率，推行绩效管理，经济增长速度放缓之后，财政需要做更多的事来维持社会的稳定。

当税收收入下降时，非税收入上升，财政收入质量下降。财政收入的质量等于税收收入除以财政收入，中国在2016年财政收入质量达到最高，2017年开始下降，财政收入的质量这些年维持在一个相对比较低的水平。非税没有税收质量好有三个主要的原因：第一，非税具有不确定性，不像税收在赚钱后就知道要交多少税，增值税甚至在还没有赚钱之前，就知道要交多少税，所以税收比较确定。而非税是非常不确定的，例如罚款和其他非税收入。第二，非税具有非规范性，是通过执法权或者别的方式来获取的收入。第三，非税收入对地方营商环境有不利的影响，非税收入高的情况下，当地的营商环境必然是受到比较大的影响。

此外，减税也带来了中国的地区分化。以2022年为例，大多数地方的财政收入都是负增长，除了少数几个资源大省，特别是煤炭、石油资源大省，如山西、内蒙古、陕西、新疆相应的财政收入明显增长，因为煤炭、石油2022年价格上涨很快。但是传统的沿海经济发达地区，比如上海、浙江、北京、广东、江苏，他们的收入都是负增长。以前在财政收入增速比较高的时候，所有地区的财政收入都在增长，几乎没有分化的风险，至少能维持上一年的状态。但是一旦减税降费带来整个平均增速的下滑之后，就会有很多地方变成负增长，负增长是个非常危险的事情，负增长意味着没有办法维持既有状态，这时地方要么采取策略性行为，要么只能等着中央来救助。

（三）减税降费的钝化

所谓钝化是指减税降费出台之后，社会上没有任何的反响，意味着没有效果，给经济注入能量不活跃。以全社会固定资产投资增速为例，从2013年开始直线下降，2016年、2017年之后比较稳定，大概在5%左右，2022年也差不多这个水平，但是如果把民间投资考虑进去，结果非常不理想。民间投资非常低，因为基数的原因，部分年份有波动，但是在2016年民间投资增速降到了5%以下，2020年几乎降到了0，2022年也几乎降到了0。虽然中间几年出现了疫情冲击，但民间投资早在2019年、2017年就很低，也降到了5%以下。与此同时，2019年中国有很明显的减税政策，但是民间投资没有任何的反弹。所以减税的边际效益在快速下降，如果从互联网的搜索指数来看，社会层面对减税的搜索量也不够活跃。

市场获得感不强，是减税降费政策钝化的主要原因。政府在减税，同时也在减收，但企业并没有相应地减少税负。首先，由于税制和征管的原因，中国绝大多数小微企业交的税微乎其微，税收方面它们的贡献相对来说比较少，税收对其生产行为的影响很有限。第二，关于减税降费，交得多才会减得多，如果企业平时交得少，大力度的减税降费就与之无关；特别是这一轮的减税降费主要是增值税和研发费用加计扣除，减税收益都流向了一些大企业，占市场主体最大份额的小企业几乎没有感受，这也是为什么市场的获得感不强。

以2014年实施的固定资产加速折旧的减税政策为例，现有的研究发现中国的减税，同样加速折旧的政策，它的单位效应只有美国的一半。还有研究甚至发现中国的加速折旧政策压根就没有用、完全没效果。综合以上，会发现中国同样的减税政策，对企业的投资没有理论上应该有的刺激效应。原因在于，有80%的企业没有申请优惠政策，这些企业都符合减税条件，其中很重要的原因是这些企业不需要这些政策，因为这些企业所得税几乎不用交。

（四）税收政策体系碎片化

减税降费与税政统一存在天然的内在矛盾。减税降费的特殊待遇越多，税制的漏洞就越多，税收的洼地效应就越明显，最后的结果将导致整个税制全面崩塌。当年霍尔果斯的政策如果继续放任，就会发现整个中国的影视行业都不交税，就意味着影视行业税制全面崩塌，如果别的行业再放开，再重复同样政策，实际上整个所得税政策或别的企业税收政策就执行不下去。要重视政策的这种效应，它会对整个税制带来冲击，这是碎片化带来的最大的挑战。

有很多减税降费的临时化政策为应对一时之需或一事之需，但不一定有道理。例如，在个人所得税的汇算清缴时，有个税的税收优惠政策，补税在400块钱以下免补，这是为了应对一时之需，因为当时的条件不成熟，不得已而为之，如今却因为政策惯性难以取消。有时也会为了应对一事之需，例如增值税的税率从17%降到13%，下游服务业因为进项税率不够，导致进项税额不够抵扣，于是有了加计抵减政策，这是没有意义的政策，特别是现在有了留抵退税政策，加计抵减就更没有存在的必要性。这些政策为了解决当时部分企业的部分矛盾，应对一时之需，但不符合最基本的税收学原理，反而给后来的税改埋下了障碍。此外，还存在很多地方化的政策，比如说国家层面给的税收豁免权，地方制定的财政补贴，国家层面有很多的政策，地方层面有更多的政策，最后实际上企业交的税是非常复杂的，很多时候交的税与明面上的税对不起来。

三、如何建构中国特色的减税降费体系

中国的税收除以中国的GDP，宏观税负现在只有15%，2022年更低，是大国经济里最低的。首先，中国的宏观税负要稳定下来，要不然接下来遇到大量的支出需要是做不到的。其次，要推行系统化的顶层设计，要注意不同税种之间的配合，以及不同政策之间的衔接。最后，机构和技术条件的储备，比如2018年6月之后税务机构的垂直化管理。而现在开始在推金税四期，原来金税三期只是把税务局税整合在一起，四期是把税务局涉及的业务全部整合在一起，信息化的程度更高，以及正在推行的全电发票，将来可以用很多智能化的手段来定向精准减税降费。因此，未来的中国减税降费体系，需要兼顾以下四个原则：

（一）立足中国，放眼世界

我们一直强调中国发展过程中的特色，如果在税收层面强调中国

特色，就是中国有长期的间接税传统。为什么一定要强调间接税的传统？是因为如果直接税比重特别高，这种税收的凸显性就特别强，税收的相对剥夺感就会越强，直接税制在目前这个阶段未必是最合适的。要稳定宏观税负，实际上也就是要稳定间接税的比重，而不是继续按照原来的路径提高直接税的占比。

要放眼世界，要善于关注国际税收，比如要善于利用国际税收的规则。近几年，大家关注的两个最大的事情，第一个是国际税收的“双支柱”，第二个是拜登总统的加税政策。特朗普把美国的很多的税给砍下来，到了拜登时代又加上去了，并且加了很多的富人税。我们也要想一想美国为什么做这件事情，美国的很多的税收政策是跟它现在所处的国际环境是有关系的，整个税收流失是非常强的。全世界跨国公司里，美国的跨国公司里很多在避税天堂，但实际上它的业务几乎都不在避税天堂，他的员工与资本在避税天堂的比重差距实在太大了，实际上说明很多跨国公司在利用国际税收的这些优势，在为自己去谋求税收的收益。

接下来很多的事情都会发生变化，国际税收环境从过去的竞争，演变到如今的合作，这对我们既是挑战更是机遇。一方面，中国积极融入了全球产业链，国际税收会对国际资本的流动产生影响；另一方面，中国企业也在积极“走出去”，必然会受到这些政策的影响。因此，国内的减税降费政策，将会与国际税收发生互嵌，需要引起重视。

（二）服务于中国式现代化

减税降费要服务于中国式现代化。例如，共同富裕里减税将会发挥什么作用，整个三次分配体系怎么去配合，特别是在既有的收入分配体系中，已经逐渐由流量差距转向了存量差距。最近有一项经济学研究，将中国、美国和法国的各自前10%人群的收入占该国的比重进行了对比，结论有两点：第一，中国从1978年以来收入差距在不断恶化；第二，中国和美国的收入差距趋势非常接近，这个容易理解，因为两个国家都在全球化的浪潮里，国际资本实际上是在主导分配体系，所以美国出现的情况，中国也出现了。中国1978年最富裕的10%拿到27%的收入，到了2015年拿到42%的收入，这是流量的差距。如果看存量差距，这个差距到了70%。从这个角度来说，过去这些年的税收政策对收入分配的改善是极其有限的。

减税降费还要服务于高质量发展。这些年开始提数字经济战略，但是数字经济带来的最大的挑战是税收挑战，数字经济会带来两个挑战：第一个，数字经济带来新的经济形势，即数字化产业，新的经济形势下税收怎么收？第二个，数字经济会对传统产业造成巨大的冲击，即产业数字化，其中一个最大的冲击就是组织的虚化，现有的税收依赖于生产实体，但产业数字化将这个实体打散了，征税对象消失了。所以数字经济和税收之间关系也是个特别值得讨论的话题。近期大热的人工智能也给财政税收带来巨大的挑战，原来有很大一部分与社保相关的收入是通过劳动收上来的，如果将来是AI机器人，对社保体系的冲击靠什么来填？所以对于资本税和劳动税之间的替代也是值得讨论的。

（三）服务于国家重大战略

减税降费要服务于国家的重大战略。比如现在大家讨论的人口问题、老龄化和少子化的问题，世界银行预测中国的人口，最极端的条件下，到了21世纪末只有4.94亿，不到5亿人，如果是居中的一个趋势，到了21世纪末，中国的人口也只有7.67亿，实际上回到了新中国初期的一个水平。到了21世纪中期，13亿人的总规模不会有太大的变化。但是一旦这个趋势维持下去，从21世纪中期一直到21世纪末，后面50年的时间里，中国人口的数量下滑是非常明显的，这是一个巨大的灰犀牛。人口的问题会带来老龄化加少子化的双重冲击，不能等到那时想办法。现在提出了积极生育支持措施，税收政策里能做的和要做的事情实在太多，但是我们现在还没做。这些东西都属于减税降费，比如前段时间提建议说要鼓励大家多生育，怎么鼓励？可不可以个税上面给一个累进税率的折扣，比如生一个孩子，降五个点的边际税率，生两个孩子再降10个点。没有这些倾向性的政策支持，人口的问题没办法缓解。少子化的问题会带来灰犀牛，社保的问题将来就是财政的问题。关于构建全国统一大市场，地区之间的分割依然非常严重，这里很多的问题是与税收相关的。税是根据属地来征收的，并且很多税还是根据集聚来收的，比如很多总部经济，大量的税收留在总部，还有很多流动税基的管理，这些问题都会涉及全国统一大市场的建设。

（四）服务于税制的优化

一个国家的税制是由税基决定的，税基有多大，就采取什么税制。所以在经济发展水平比较低的时候，大家没有钱，所有的收入全部用于吃穿用，所以税就只能来自于消费。在20世纪80年代90年代，中国的税基本上是消费类的税，针对消费收的税，比如增值税，它就是一种消费类的税种。后来随着大家有一些盈余，有所谓的所得，开始把所得税制建起来，未来大家不仅有所得，还有历年的所得留下来，形成了财产，将来就有财产税。所以整个的减税降费也要配合税制的优化来做，我们强调税收公平，因为现在大量的税收优惠是基于身份、基于规模、基于地区的，这些严格来说都不合适。很多的减税降费是要服务于特定的发展目标，针对行业可以这么做，因为某个产业或者某个行业需要扶持是可以的，其他就是不合适的。要将宏观设计和微观体系相结合，这里涉及如何抓住关键的时间窗口，做好政策衔接，用好信息技术。

真正的减税降费重点不是讨论具体一个税种的减税降费，重点是财税理念要清楚，应该秉持三大理念：

第一，所有的减税降费都应该站在国家层面考虑问题，不能站在地区层面考虑问题，也不适合站在产业层面考虑问题，更不适合站在某一个企业、某一些人身上考虑问题。因为单个人、单个企业都希望减税降费，毕竟税收是一个负担，从个体层面是没有最优的减税降费政策的。

第二，一定要坚持理论指引，所有的减税降费要在理论上能够行得通，如果理论上行不通，减税降费是不能做的。中国有大量的减税降费是在理论上没想清楚的，后来不得不又重新做调整。

第三，坚持中国特色。中国税制与文化有相贴合的一面，所以一定要跟中国文化相贴合的减税降费才更加有用，而不是简单套用一些其他国家用过的政策。很多的减税降费其实是需要理论界和实务界双向奔赴，互相提供支持，有很多的政策是需要讨论，需要做头脑风暴和顶层设计的。可以仿照中国人民银行的货币政策委员会来设置一个财政或者财税政策委员会，专门对这些重大的政策进行讨论和设计。

互动环节

◎ 提问一：

如何描述减税降费才能更精准地落实到企业层面？因为减税降费受到很多冲击，比如宏观经济形势不好，不减税税收也在降低。所以我认为我们需要把税的减的成分精准地剥离出来，无论是宏观上还是微观上的统计。

◎ 回答：

宏观上的减税与微观上的减税是完全不同的两个问题，因为宏观上的减税，只要国家减了，肯定能体现在收入的下降上。但是如果落实到微观上的话，会带来两个问题：第一个问题就是有可能它没有落实到微观上，比如虽然符合条件，但很多企业不去申报，企业不需要这个政策，就不会去享受实际的减税优惠，这个情况在中国非常普遍。因为很多的减税降费政策，有一些企业用不着，有一些企业不敢用，这都会出现微观上和宏观上的不匹配现象。第二个问题是减税后企业未必就一定朝着政府希望激励的方向改进。所以今天没有展开讲的是对于整个的减税降费政策要系统讨论和设计的目的是什么，比如前些年增值税降率的工作，政府希望降率之后企业能够增加投资，但实际上政策没有朝向投资方向，名义上是给企业降低负担，从原理上来讲，它是降低整个流通环节、整个生产链上的成本，最后实际上是降低了消费的税负，而不是生产投资环节的税负。如果政策目标是为了刺激企业的投资，减税政策是直接与投资挂钩，比如2014年的固定资产加速折旧政策，就是与投资挂钩。只有这种类政策才有可能在投资方面有所作用。如果减税只是为了减而减，有可能最后结果就是政府收入减少了，但企业没有获得感，投资生产都没带动起来，这样的政策没有效果。回应这个问题，在研究上包括政策设计，我们没有办法拿一个大层面的减税政策来讨论它的效果，我们可能得深入减税的政策设计和企业行为的关联角度，才能把刚才讲的问题剥离出来，才有可能去对比哪些政策更加有用，而某些政策相对来说更加复杂。

此外，减税带来的系统性影响比对单个企业影响更加明显，企业在整个市场中不是独立的个体，它有上游、下游，有员工、股东，所以当企业享受减税的优惠之后，效果向哪个方向溢出不一定，不同的政策它的溢出方向不一样。很多政策绝大多数的好处很可能被股东拿走，比如企业有税率优惠，可能把钱用来还债，降低杠杆率，那么好处有可能就被股东享有，与员工、供应商以及客户没有关系，减税实际上就没有效果。所以我们能够在很多的研究中看到不同的政策，有时有用、有时没用，有可能是因为我们很多的讨论没有深入企业的经营行为角度，看不到很多效果。因此，从这些维度看，我们能够回应为什么国家层面很多的减税政策要落实到微观层面上，也就是落地生根问题，要么没办法落地，要么没办法生根。其实最好的政策是既落地又生根，就是既减了税，又带来经济的复苏。

◎ **提问二：**

一个国家对企业个人分别最少收多少税？

◎ **回答：**

这个问题比较抽象，一个国家对企业个人分别最少收多少税，其实没有明确的规则，比如中国在古代的时候，基本上都是对个人收税，当时没有企业，当然就没有企业税。其实是税基决定税制的，不是反过来的，就是有什么税基，才能向税基去收税，然后再去讨论怎样规避对实体经济的扭曲，尽可能降低它的成本。所以，如果我们讨论一个国家，就要去看看国家财富里个人和企业所占的份额，才能去讨论它的税收的比重。

一些更加理论化的观点认为税收只能对人收，不能对企业收。因为企业背后还是人，向企业收税其实还是向人收，只有人才能交税，企业交不了税。如果从这个角度去抽象理解的话，我们所有的企业税都不用交，因为只向企业背后的人去收就行了。当然这在非常复杂的公司架构里非常困难，如果公司的架构比较简单，或者说公司的架构可控，其实可以只对人收税，比如对企业背后的股东收税、对员工收税，所有人都收所得税。包括现在收的流转税，收的增值税，完全可以不收流转税，回到一个最简单的直接税，全部是直接税的传统，理论上是可行的，但是在实际的操作中有很多的客观的约束，包括文化、技术等。

这个问题就取决于到了哪个阶段最理想。最理想的阶段是只向人收税，一个国家可以不收税，税不叫税，叫别的名字都可以。但是一个国家不可能没有财政收入，因为越是市场经济的国家，它的政府相对来说是不会自己赚钱，但是政府需要提供很多的公共服务，越是老龄化的阶段，对政府的财政要求会越高，所以相应地、政府要有足够多的收入去支撑其支出，这时肯定要收税，所以政府收税的最主要的原因是因为社会的需要，不是因为政府的需要，如果社会不需要，政府收的税可以少很多。到了一个阶段，就要讨论这个阶段的问题，比如到2050年，财政负担会比今天重很多，因为那时没有那么多的劳动力去供养老年人，现在可能还是三个劳动力养一个老人，到了21世纪中期后有可能两个劳动力养一个老人，甚至一个劳动力养一个老人，这时是养不起的。

◎ 提问三：

日本遇到财政困难时为什么会采用征收消费税的政策？

◎ **回答：**

大家看《繁荣与停滞》，它提到日本的货币政策、金融政策、产业政策，还有日本为什么设置消费税，主要原因是日本政府没钱，其他方面都没有办法收税。消费税实际上是增值税，它别的方面是很难推动的，社会的整体反弹非常高。

日本的个税比重已经很高，征税非常困难。一个国家在经济相对萧条的时候，要加税极其困难，如果加直接税，更是难上加难，所以日本选择消费税，因为它没有更好的办法去解决它的财务危机，只能通过一个相对来说比较间接的方法去解决这个问题，通过把税加在价格上的方式，而不是直接从口袋里把钱掏走，增加个税是极难的一件事。相对来说选择了一条成本最低、影响最小的方式来收费。但即使这样，当它把税率由8%提到10%时，也非常困难。所以要考虑对社会和经济造成的影响，来选择合适的税改方向。

熊文钊

法学博士，天津大学特聘讲席教授（2019）、山东大学特聘教授（2024）、山东大学国家治理研究院兼职研究员。兼任中华人民共和国财政部特聘法律顾问、中国法学会立法学研究会副会长、中国法学会宪法学研究会常务理事、中国法学会行政法学研究会常务理事兼学术委员会委员、中国法学会财税法学研究会常务理事兼学术委员会委员、中国法学会董必武法学思想（中国特色社会主义法治理论）研究会常务理事，北京大学宪法与行政法研究中心客座研究员、国家行政学院行政法研究中心兼职教授等。著有《大国地方：中央与地方关系法治化》《公法原理》《现代行政法原理》《行政法通论》《税务行政法》《民族法学》《民族法制体系的建构》《城管论衡：综合行政执法体制研究》等学术著作10余部及重要学术期刊学术论文100余篇，主持国家社科基金重大项目2项、重点项目3项以及教育部、财政部、司法部等国家级和省部级重点项目10余项。

第三讲 大国治理：中央与地方关系制度创新*

内容提要

中国幅员辽阔、人口众多、各地政治经济文化发展不平衡。如何正确处理中央与地方的关系，如何按地区划分居民，建立行政区域，如何分层设立国家机构以及如何进行纵向分权等一系列问题是十分复杂而又至关重要的基本问题。当代中国正在实现社会主义市场经济体制的高质量发展，原有的中央与地方关系已经显现出极大的不适应。“以经济建设为中心”要求对新型的中央与地方关系进行系统研究并探索适应中国社会政治、经济、文化发展的中央与地方权力配置模式，具有十分重要的现实意义，尤其应聚焦于以下几个模块：研究中央与地方关系问题的意义；多元一体的中央与地方关系；处理中央与地方关系的基本原则；中央与地方关系的调控机制；中央与地方关系的治理方略与制度建构；中央与地方关系的法制保障。

* 这是熊文钊教授2023年5月20日在国家预算治理大讲堂的演讲稿，根据录音整理，并经本人审阅。

一、研究中央与地方关系问题的意义

研究中央与地方关系问题具有十分重要的意义。第一，它是国家政治生活的一个重要的原则，它关系到国家统一、民族团结、人民当家作主、社会稳定乃至整个国家的治理和国家政权的稳固。第二，它关系到大国治理的基础性结构，包括政治、财政、经济、社会、文化等各个方面的结构，就经济方面的意义而言，它是国民经济发展的基础，关系到能否充分调动中央和地方两个积极性，充分促进整个国家管理机制科学、高效地运转；关系到能否合理有效地利用有限的资源，能否合理协调各方的利益关系，保障社会经济的协调发展。第三，它是大国治理的基础结构，关系到整个国家的治理结构和体制安排，是国家区域结构和国家政权结构的基本问题。第四，中央地方关系的复杂性关联到政治、经济、文化、社会发展，除了受到统治者的意志因素制约以外，还要受到诸如经济、文化、民族、宗教、历史、地理等各种因素的制约。

新中国成立以来，中国的央地关系始终处于“复杂且灵活的动态调整”之中。《中华人民共和国宪法》第四条对中央和地方国家机关之间的职权划分表述为：“遵循在中央的统一领导下，充分发挥地方的主动性、积极性原则”，有着鲜明的全国一盘棋特征，但从实践层面而言，中央与地方关系却呈现出更为复杂的形态。

中央与地方关系历来是我国政治生活中一对举足轻重的关系。毛泽东同志1956年4月25日在中央政治局扩大会议上作《论十大关系》讲话，经政治局同意后又于5月2日向最高国务会议作报告，所讲的十大关系中，中央与地方关系是其中重要的一条。1995年9月，江泽民同志在党的十四届五中全会闭幕式上作了题为《正确处理社会主义现代化建设中若干重大关系》（后被称作《论十二大关系》）的报告，中央与地方关系是其中重要的一条。《习近平谈治国理政》（第三卷）中的《切实把思想统一到党的十九届三中全会精神上来》一文引用毛泽东同志的讲话，“应当在巩固中央统一领导的前提下，扩大一点地方的权力，给地方更多的独立性，让地方办更多的事情。这对我们建设强大的社会主义国家比较有利。我们的国家这样大，人口这样多，情况这样复杂，有中央和地方两个积极性，比只有一个积极性好得多”，用来阐释中央和地方关系问题。习近平总书记指出，发挥好两个积极性，始终是我们在处理中央和地方关系时把握的根本原则。

二、多元一体的中央与地方关系

（一）多元一体的中华民族基本格局

1.“中华民族”载入宪法

2018年3月11日，第十三届全国人民代表大会审议通过的《中华人民共和国宪法修正案》是我国宪法发展史上的一件大事。这次《宪法修正案》在序言部分将“中华民族”概念正式作为一个宪法范畴确立下来，为中华民族伟大复兴奠定了坚实的宪法基础。

中国悠久的历史在民族关系结构上表现为多元一体的格局，“多元”表现为民族成分以及各民族在文化、风俗、经济等方面的多元，“一体”是指这些不同的民族汇合形成了以汉族为主体的“中华民族”。中国历代统治者都注意将建立在多元一体的民族格局之上的政治结构塑造为“大一统”的政治体制，从而赋予“多元一体”的民族关系以政治一统的含义。各民族对中华民族和中央政权的双重认同中，多元的政治结构紧密地统一于国家体制中——既在行政上建立强有力的国家政权，以维护国家的统一，又承认和发展多元，给民族地区一定的自治权以满足少数民族的自治要求。

2. 中华民族共同体

中华民族共同体这个概念也蕴含了“多元一体”的意思。“中华民族”在宪法中原来没有文字反映，2018年《宪法修正案》序言中第一次出现了“中华民族”这个词语：“现在是离中华民族伟大复兴最接近的时代”，这是一个具有重要意义的宪法时刻。中华民族的国家民族概念建立起来后，之前一直强调各民族的“各”，现在强调中华民族这样一个整体。梁启超最早提出“中华民族”，孙中山先生提出“振兴中华”，改革开放初期也是“振兴中华”的口号，这是中华民族作为一个屹立世界民族之林的民族，重新站立起来的一个整体概念。

美国是一个移民国家，但是形成美利坚合众国宪法，通过宪法形成了一个国家民族概念，它其实有白人、黑人、有色人，但是有一个很强烈的美国人的精神和意识，这是通过美利坚制造的民族，它不是一种文化，而是从各种不同的文化中制造的民族。这个国家民族概念在中国很早就有，汉族就是很多民族融合后形成的国家民族概念，秦始皇统一六国、统一度量衡、统一语言，后来到了汉融合成汉族，汉族本身就是当时的国家民族。现在除汉族之外，还有55个少数民族在一起形成新的中华民族的国家民族概念。

铸牢中华民族共同体意识是习近平总书记站在中华民族伟大复兴战略高度作出的重大原创性论断，是马克思主义民族理论中国化的最新发展，是指导新时代民族工作的根本遵循。2021年中央民族工作会议上，习近平总书记进一步强调了“铸牢中华民族共同体意识是新时代党的民族工作的‘纲’，所有工作要向此聚焦”，《中华人民共和国地方各级人民代表大会和地方各级人民政府组织法》（以下简称《地方组织法》）是关于地方组织制度的基本法律和法治保障，2022年《地方组织法》作出第六次修改，在地方人大和地方政府职责中增加了铸牢中华民族共同体意识的内容，整体上提升了铸牢中华民族共同体意识的法治地位①。

3. 中国的国家结构形式

《宪法》序言中提到，中华人民共和国是全国人民共同缔造的统一的多民族国家，这段话是一个简单的单一制表述。所谓单一制，就是

① 王晨.关于《中华人民共和国地方各级人民代表大会和地方各级人民政府组织法（修正草案）》的说明——2022年3月5日在第十三届全国人民代表大会第五次会议上［R］.中华人民共和国全国人民代表大会常务委员会公报，2022.

一个国籍、一部宪法、一个法律体系，一个国民身份。但是中国的国家结构形式不能用西方话语简单归为单一制，因为用单一制和联邦制这个概念相比时会发现，中国很多的特征不符合单一制的简单化。例如，立法的体制，中国是多层级的立法，有中央的立法，也有地方性法规的制定，甚至有些市可以制定地方性法规。国家的结构形式归到大类型中是一个统一体，但实际上有多元的成分，如果用单一就没办法解释多元并容易否认这种多元的差异化，简单的思维不利于看清国家基本治理的基础性因素。

中国式的现代化治理结构很务实，解决香港、澳门问题时，保留它一定的国际上的金融中心、航运中心地位，但是主权回归。未来解决台湾问题，同样尊重这样的事实，希望通过“一国两制”的方案来解决，不强调简单划一的统一。在国家统一的前提下对多元性有差异性的关照是中国国家结构形式的特点。

4.国家民族认同

强调国家民族的认同是对于国家治理的理解。新中国成立初期我们建立了一项制度，创造性地解决了中国的国家建构问题，中国60%的国土面积是在民族地区，民族区域自治制度这项基本政治制度解决了新疆、西藏、内蒙古等大片的国土问题，中国没有效仿苏联和南斯拉夫，选择这条路是在国家统一的情况下解决民族地区的归属问题。怎么来找寻共同的中华民族、国家民族认同的话语，建立整体国家民族的观念，是构建多元一体的中华民族格局，进行国家治理的关键。

（二）多元一体的中央与地方关系

“一体”是具有整体性的特征，“多元”指这种模式体现出中央和地方间分权的色彩，中央和地方政府间的政治、经济、文化呈现多元化。“多元一体”是一个固定搭配，顺序上首先讲“一体”，后面讲“多元”，是“一体”的多元。反过来用“一体多元”就强调了“多元”，忽略了“一体”。“多元”主要体现在以下八个方面。

1. 国家立法体制的多极化

国家的立法，22个省、5个自治区、4个直辖市的立法，包括后来省会所在地级市，国务院批准较大的经济特区市等，我国的立法主体达到数百个，这作为一个单一的国家是没办法解释的。比如，山东省Z市较早获得了地方性法规制定权，制定了一个关于养犬的规定，养犬人的权益在法院诉讼中就会得到保护，但T市人大因为没有地方性法规制定权，T市同样的养犬人权益就得不到保护。

2. 中央与地方政府间财政分配关系的多元化

财政分配的多元化是根据行政区划来确定的，具体表现为以省为单位的转移支付比例的差异。例如，北京和上海的转移支付比例大约为10%，而西藏则高达80%以上都依赖中央财政的转移支付。河北省的转移支付比例为50%，天津市则为30%。以北京的房山区和河北的涿州市为例，尽管两地相邻，但房山区的财政转移支付比例为50%，而涿州市则为10%。是否应该考虑在按照行政区划确定的基础上，根据经济总量来进一步细化财政分配，因为以省为单位的划分可能过于宽泛。中央政府按照省为单位采取一个政治决定，差别是很大的，中央和地方政府间财政分配关系也是多元的。

3. 中国特色的民族区域自治制度

中国特有的民族区域自治制度旨在解决民族区域问题，民族区域占据了国家60%的国土面积。民族自治地方除了可以行使和它同级的一般国家机关的职权之外，还可以行使政治参与方面的自治权，这是根据本地方实际情况贯彻执行国家的法律和政策的自主权以及自主管理和安排地方性的经济文化建设事业的权力。中国通过民族区域自治制度建立了一套独特的地方关系体系，中央政府在财政安排上也会有特别的民族地方补助金等，采取许多措施促进民族地区基本公共服务均等化和民生改善，持续增加民族地区转移支付[①]。

4. 高度自治的特别行政区制度

高度自治的特别行政区也是中国的一个独特创造。特别行政区制度的有些权利比联邦制更加优惠，甚至可以自己保留自己的军队。中央不向特别行政区征税，却为其建立海防，这些都在高度自治的特别行政区制度当中得以体现。

5. 中央与地方政府间经济关系的多元化

中央与地方政府间的经济关系呈现多元化，即使是内地，中央和地方的经济关系也表现出多元性，在政策扶持等很多方面都表现出区别，地方向中央要的政策不一致，自贸区、自贸港的建设实际上体现

① 加大财税政策支持力度 全力推动民族地区高质量发展——专访财政部党组书记、部长刘昆［EB/OL］.（2021-08-27）［2024-05-31］. https：//www.neac.gov.cn/seac/c103246/202108/1152183.shtml.

的是中央与地方政府间多元化的经济关系。

6. 经济特区——新的政治经济体

经济特区在许多方面实际上构成了新的政治经济体，尽管在行政区划上并未进行相应的调整。很多城市的经济开发区或者新区在土地和人口方面，尚未经过国务院层面的正式行政区划变更，并没有从原来的行政区域分开，但在管理体制上建立了管委会或党工委，设管委会主任，同时设有法院、政府各职能部门。

以雄安新区为例，尽管它在行政区划上还未正式成立为独立的雄安市，依然由保定市下辖的三个县、高阳县的部分乡镇以及周边的一些地区组成，但雄安新区已经建立了管委会，在管理体制上相对独立。至于雄安新区的法律制定，目前仍然依赖于河北省人大来进行。

7. 跨行政区域界限的新型合作体

建立新型合作体对于促进区域间的合作至关重要，特别是在环境生态和流域管理方面。实际上，跨行政区域界限的新型合作体数量日益增多。东北振兴，西部开发，中部崛起，中央需要设立部级的协调机构与地方进行协调。例如，京津冀协作，需要国务院的常务副总理进行组织协调。

8. 对口支援的新型府际关系

对口支援的新型府际关系，如北京对口新疆的和田地区，天津对口青海的黄南州[①]。这种对口支援关系不仅涉及财政支持，还包括技术、

---

① 李春临.深刻领会习近平总书记关于共同富裕的重要论述 主攻缩小四大差距 扎实推进共同富裕［J］.习近平经济思想研究，2023（3）.

项目、人才和经费等方面的全面援助，这其实是特殊的属地关系，是当作一个政治任务去完成的，有大量的政治、经济、文化、关联性，表明了中央与地方关系的多元格局，是多元一体格局在全国一盘棋结构中的表现。

三、处理中央与地方关系的基本原则

我们在这样的国家结构形式下，面对着复杂的多元一体的国家治理结构，应该怎么处理中央和地方关系？

第一，把握一体性和多元性相统一的原则。整体性与多元性要相协调，不能简单地偏于哪一点而否定多元，要把一体性合作性的辩证统一关系处理好，在统一的前提下解决一体性和多元性的关系。一体性与多元性相结合的原则反映在中央与地方政府的职能关系上：中央政府的职能定位要从整个社会公共利益的角度来促进国家经济和社会的发展，承担整个国家的宏观管理职能，提供全国性的公共产品，同时履行对地方政府的监督职能和服务职能。地方政府作为中央全局利益的一部分，承担中央宏观政策的执行职能和对本地区公共事务相对独立的管理职能，提供地区性的公共产品。

第二，中央集权与适度分权相结合的原则。把该集中的权力集中统一领导，特别是宏观调控方面的权力，但也要有适度的分权，给地方积极性，使地方有创造性的空间。经济社会的活力来自于基层，来自于地方的创新创造。在计划经济时代生产出来的产品不愁卖不出去，都是计划去分配调拨，在计划体制下，中央集权体现为指令性计划，但实际上经济的活力、社会的活力不足。改革开放把计划体制开始变成有计划的商品经济，最后发展到商品经济向市场经济转型，但是也抓宏观调控，比较好地处理了集中权力和适度分权相结合的关系。

第三，公民权利决定公共权力的原则。人类进入到市民社会，市场经济的发展，公民主体地位的确立以及身份关系向契约关系的过渡，一方面使得国家权力行使的范围以及行使权力的方式更加明确，另一方面公民权利与国家权力之间的关系需要通过宪法和法律进行调整。公民权利与国家权力的法律定位，首先就是要明确国家权力的来源和归属。《宪法》第二条规定“中华人民共和国的一切权力属于人民”。一切权力来自于人民这一宪法原理，引发了公民的宪政观念。其二，国家权力不得超越宪法和法律确定的范围，否则会引起立法和司法的混乱。其三，国家机关行使权力的方式也应有法律规范予以规定，因为它是依法行使职权的程序上的要求。这说明无论是中央政府或是地方政府的权力都只能在宪法和法律规定的范围内行使，从而形成公民权利与国家权力（公共权力）的有效宪政模式。

第四，事权财权相匹配的原则。各级政府所承担的事权实施任务与其享有的财权相匹配，以确保其对于相关事权的实际实施效果。时任部长楼继伟提出事权与支出责任相匹配，政府要有支出的能力，也有支出的责任，权责实际上是一体的，所以支出责任和财权可以从某个意义上进行对接[①]。例如，推进省以下财政体制改革，合理优化基本

---

① 楼继伟.中国政府间财政关系再思考［M］.北京：中国财经经济出版社，2013.

制度安排，更好发挥财政在资源配置、财力保障、统筹调控等方面的作用①。

第五，行政区域和经济区域相协调的原则。当前行政区域和经济区域不太协调，区域经济学的学者喜欢说突破行政区划界限，促进区域协调发展，但是行政区划界限是不容易突破的。中国的经济是行政区域经济，会造成很多资源的配置重复，或者出现不协调、浪费的情形。经济地理学会把中国分成几个大区，它强调工业产品结构、原材料交通的体系结构，东北形成了一个大的经济区域，长三角、珠三角也会形成一个经济区域，很多天然的经济联系，但是由于行政区域的阻隔会产生一些不协调问题。昆山离上海很近，它显然与上海在经济上是一体化的，但是行政区划上却属于江苏。一些地盘观念造成了很多和经济区域不相协调的表现，比如太湖治理，行政区划上归苏州管，但是无锡的工业比较发达，排污较多，环保局治理的动力可能不足，水利部就设立了太湖管理局进行协调。行政区域和经济区相协调的原则是我们社会经济发展的一个很重要的原则，特别是以经济建设为中心的新时代，行政区划分的第一条标准，应该是以协调经济发展更有利为第一要素。

第六，行政区域和司法区域相分离的原则。司法区域和行政区域不应该高度的一致，否则同级行政机关可能会对司法审判活动造成不必要的干扰，司法的独立审判权没有办法实现。司法区域和行政区域

① 国务院办公厅关于进一步推进省以下财政体制改革工作的指导意见［EB/OL］.（2022-06-13）［2024-05-31］. https：//www.gov.cn/zhengce/zhengceku/2022-06/13/content_5695477.htm.

分离开有利于释放司法功能，能够保证公正地处理争议纠纷，同时可以节约司法成本。

第七，公共权力成本最小的原则。政府职能的范围应该取决于市场和社会的需求。来自市场的需要是矫正市场失灵，而来自社会的需要则源于人们对公平的渴求。对于经济转轨的国家来说，市场的需要还来自建立和完善市场基础制度的需要。政府职能的范围也取决于政府自身的控制能力。这一系列因素的平衡，就确定了一国政府职能的适当范围。在此基础上确立公共权力的范围，以最小的成本获取最有效的公益物品。这就是公共权力成本最小原则的基本理念。

举个例子，虽然为公务员提供就业机会对个人而言是就业的一种形式，但政府不应通过这种方式来创造就业，因为这种做法并不能有效创造社会财富，并不符合劳动就业和社会保障的真正含义。相反，应当考虑减少这种做法，以确保公共权力的成本保持在最低水平。关于我国地方行政建制，应当采取切实举措，调整结构关系，合理减少层级，提高行政效率，精简机构，减少公共支出，真正落实三级地方行政建制。

第八，中央与地方关系法治化的原则。中央与地方分权问题，都是宪法和法律的重要规范内容。目前，很多改革并没有在法律层面上落实，宪法层面的规定往往原则性很强。中央与地方分权在放下去还是收上来之间来回折腾，这种情形正是因为没有用法治的方式解决，不同领导人的不同主张造成我们不断变换改革思路的成本非常高，改过来又改过去，劳民伤财。其实有些是结构性的问题，放下去和收上来都不是最好，就找不到一个最合适的权力配置稳态结构。这种情况下由于没有法律制度去支撑，所以改起来很随意，出现了一收一放的摇摆式。中央与地方关系的方方面面，都要求运用法律的办法，在法治的原则基础之上，正确处理好中央与地方的关系，实现中央与地方关系的法治化。

四、中央与地方关系的调控机制

在单一制国家，地方政府尽管可以拥有广泛的权限，但地方政府毕竟不是具有相对独立主权的政治实体。地方政府是中央政府的产物，其权限来自于中央的授予或特许，因而中央政府对地方政府的权限行使拥有监控的权力。中央对地方的监控主要通过立法、行政、财政、人事、司法等途径来实施。

（一）中央对地方的监督与控制

1. 立法监督与控制

通过立法的权力配置进行监督与调控，这是一个主要的方法。所谓立法调控，是指中央政府通过制定有关地方政府的产生、组织、权限和活动范围等法律、法规，来规范地方政府的行为；所谓立法监督，是指中央国家机构对地方制定规范性文件等立法性活动所进行的监督。我国实行人民代表大会制度，在地方制度方面，除《中华人民共和国宪法》中关于国家结构形式及地方制度的原则规定之外，还分别制定了《中华人民共和国地方各级人民代表大会和地方各级人民政府组织法》《中华人民共和国民族区域自治法》《中华人民共和国香港特别行政区基本法》《中华人民共和国澳门特别行政区基本法》，对各类地方制度做出了相应的规定，从而确立了各级地方的组织和活动规则。

2. 行政监督与控制

行政监督与控制是通过下级服从上级、全党服从中央的层级结构来进行行政的监督与调控。在这个层级结构中，明确了各级行政机构的审批权限。具体来说，某些审批权属于特定级别的行政机构，而其他级别则没有这些权限。例如，《土地管理法》规定，征用土地实行国务院和省级人民政府两级审批。市、县两级无权审批。国务院批准征用土地的权限是：征用基本农田、征用基本农田以外的耕地超过35公顷、征用其他土地70公顷以上。这意味着省级行政机构的审批权限仅限于35公顷以下（基本农田以外的耕地）或70公顷以下（其他土地）。

3. 司法监督与控制

司法监督与控制是保障中央与地方关系法治化的一种基本手段。在处理中央与地方关系上，建立有效的司法控制机制有两个前提：一是中央与地方关系法治化；二是司法独立（司法区域与行政区域相分离有利于司法独立原则的践行）。新中国成立以来，我国中央与地方关系一直未能用明确的法律文件将中央与地方关系制度化。国家权力在中央与地方之间，时而权倾中央，时而权重地方，原则和灵活有余，明确和固定不足。此外，由于司法区和行政区高度一致，司法的监督与调控很难去解决中央对地方的监督问题，它的公正性，在中央和地方政府之间的诉求关系很难去做裁断。

4.财政监督与控制

财政监督部门对于有钱的地方、没钱的地方的控制力度实际上是不一样的，对于有钱的地方控制力度就弱，对没钱的地方财政控制就稍强。在财政领域，法律制度相对较为有限。目前，转移支付尚无明确的法律规定，而收支支付途径主要依靠预算法进行规范。然而，一个全面的财政法律体系尚未建立。为了改善这一状况，需要逐步推动中央对地方财政的法律化调控，强化中央对地方财政的预算管理，以及规范现有的财政转移支付体系。目前存在的控制问题部分原因在于相关制度设计尚不完善。

5.人事监督与控制

在中国，由于历史和现实的原因，人事问题是和执政党的领导体制密不可分的。只要提及人事控制和人事管理，就不能回避“党管干部”这样一条根本的原则。因此，在人事控制方面，中央对地方的控制主要是通过党管干部来实现的。

6.政策监督与控制

所谓政策调控，就是指中央通过政策手段，对地方政府行为进行激励、调控等手段和方法的综合性制度体系。以浦东为例，浦东过去是很穷的地方，但是现在浦东是中国经济发展最好的区域之一，这其实是中央政策带来的红利，像深圳渔村变成现在这样的大都市，都是邓小平同志画个圈的政策调控带来的。

（二）对六个监督与控制的综合评价

立法控制是分权的必然选择。最近的立法修订增加了地方立法的事项，除了原有的城市建设、文化历史传承、环境生态保护等领域外，现在还包括了社会治理和生态文明方面的法规。这意味着地方基层治理可以自行制定法律进行管理，实际上是通过立法程序赋予了地方自行制定相关法律的权力。这表明，并非所有事务都需要中央政府来制定法律，因为在一个大国中，立法权的分权下放是必要的。

行政监督通常应该通过行政手段来解决，行政监督和控制机制有时有效，有时则效果有限。财政手段也面临类似的问题。虽然前四个控制手段在一定程度上是有效的，但它们并不完全有效，存在缺陷。从制度层面来看，尽管中央对地方的控制是有效的，但国家集权在制度层面上似乎较为脆弱。

最后两个控制手段实际上是党的领导的体现，即人事监督控制和政策监督控制，这两个手段是非常有效的。如果没有执政党的有力领导，中央和地方的关系可能会出现难以统一的情况，就像旧中国时期那样。因此，人事控制背后的原则是党管人才和党管干部，这一机制在这一原则下变得非常有效。政策调控是在党中央的全面统筹下进行决策和调控，因此，许多地方希望中央能提供政策支持，而政策实际上是由党中央控制的。如果没有这两个控制手段，从制度结构上看，确实是相当脆弱的。因此，我们需要加强立法、行政、司法和财政控制机制的建设，这是国家统一制度安排的必要组成部分。

五、中央与地方关系的治理方略与制度建构

中央与地方关系的治理方略和制度建构，需要回到更宏观的层面，即大国治理的整体架构、基本原则和调控手段。面对中央与地方的关系，关键在于如何构建一套有效的制度，以实现国家的全面治理。

（一）大国治理的战略选择

1.强国虚省实县（市）

这个战略选择，是指中央要保证集中一定的财力和物力，同时将一定的财政比例落实到真正的地方，即落实到县级财政。所谓“强国”，实际上就是强调中央财政的高位占比以保证中央政府的宏观调控能力，中央事权涉及公共服务全国的均等化问题。所以，中央财政保证一定的比例，这个比例保持在50%左右是必要的。

所谓“虚省”主要是指划小省区，发挥省区的中间调节功能，尽可能避免在地方分权的过程中形成新的省区集权。“省区集权”一方面制约了县市的经济与社会发展的自主性和能动性，另一方面也相对削弱了中央宏观调控。省不是一个统一的经济实体，而是包含多个不同的次级经济区域。这些概念在经济地理学和区域经济学中都有明确的区分，它们通常被划分为一级、二级次级经济区，下面是更小规模的城市经济单元。

所谓“实县市”是指人们最基本的公共服务主要是由县市政府提供的，如上学、就医、就业、退休、养老等，基本的盘子应该给到真正为人们提供公共服务的县市级财政。但现行财政体制的盘子中县市级财政占比非常小，大量的靠转移支付，一般的转移支付和专项的转移支付。因此，应当在事权和财权的配置上寻求某种平衡，对中央、省、县市采集财政占比进行结构性调整，更多地增强县市政府提供公共服务产品的能力，而不是主要依靠财政转移支付或者“土地财政”来弥补财政能力的严重不足。

地方财政占比应该是多少？现在的财政占比结构大体上是541的结构，中央50%多一点，省一级占了30%—40%，到了县级可能10%都到不了，按照“强国、虚省、实县市”的原则可否调整为5∶2∶3的财政结构呢？即中央占比50%，省级占比20%，县市占比30%，这样一般的转移支付把它变成一个法定化的，然后再通过一套机制让这部分钱真正用到这些财政公共服务上，而中间的环节只是一个调节的环节。中国的省区往往比西方一个国家还大，如果财权只下放到省级，或许会形成省区新的集权，既不利于中央政府的宏观调控，也不利于增强地方活力。现在的财政结构并不符合单一制国家的本质特征，似乎有些财政联邦主义色彩。现行的改革往往只是将地方事权下放到省级，例如将司法事权及其支出责任下放到省级，由省一级的财政掌管省以下法院的人财物。统一收到省实际上是司法联邦主义、财政联邦主义的安排，学界有些人主张就应该往联邦化走，这在单一制国家中是很不相称的财政结构。

2.“省管县”体制

“省直管县”当从浙江省说起。浙江省县域经济发达，占全省GDP总量的80%，而浙江省发达的县域经济恰恰是和省管县的改革分不开的。这项改革能够调整行政管理体制，减少行政层级和行政成本，提高行政效率，但其中依然有些问题需要解决。“省直管县”需要省具有实际的控制能力。浙江省是一个小省区，所辖的县区仅有40多个，省政府能较好地控制每一个县区。这是浙江省能够成功推行“省直管县”制度的天然条件，但是其他的省则不然。例如，我国新疆维吾尔自治区、内蒙古自治区地域广阔，四川、河北等省份县区较多，其管理半径不一定能覆盖到全省的每一个角落。当省政府不能很好地管制县区的时候，会出现县区权力的膨胀，损害的只能是基层老百姓的利益。

3.一体多元格局与“强国—虚省—实县（市）”的内在关联

多元一体格局与强国虚省实县（市）是存在内在关联的。1994年分税制以后中央宏观调控能力增强，中央财政的比重提升，可是县市的财政是相对匮乏的。如果把权力下放到省区，一个省区比欧洲的一个国家还大，它并没不会带来活力，反而还会导致中央宏观调控能力的减弱，而保障民生的公共服务能力没能提升。

（二）建构多元一体的国家治理架构

1.实行多元一体的中国式国家结构形式，保障国家统一

中国的国家结构非常具有中国特点，建构多元一体的国家治理架构，实行多元一体的中国式国家结构形式。中国式保障国家统一，在

统一的情况下不是简单地整齐划一，而是采取了多元的灵活方式。

2. 加强中央权威，树立全国一盘棋的观念

中央特别是中国共产党建立全国一盘棋，处理治理当中的问题，解决东西部发展不平衡的问题，很多国家性的投入只有在中国这种集中力量办大事的体制下才能得以实现。例如，高铁成本很高，而且大部分高铁不赚钱，但它的国防意义和国家整体意义非常大，通常只有国家层面才能承担，私营企业很难收回投资成本，此外，中国的“一带一路”倡议的推进，也是只有在中国这样的体制下才能顺利完成的壮举。相比之下，在美国等私有制国家，由于土地私有和协调用地的复杂性，修建铁路等基础设施项目会面临更多的挑战。

3. 统一市场，强化宏观调控

在改革开放的早期阶段，我国市场体系尚处于发展之中，存在一定程度的混乱和无序。在这一时期，地方保护主义盛行，导致资源配置效率低下。例如，上海无法从邻近的浙江和安徽地区获取棉花资源，而不得不远赴新疆进行采购。此外，地方啤酒品牌往往排斥外来品牌，限制青岛啤酒进入本地市场。这种地方保护主义不仅限制了市场的自由竞争，还增加了市场准入的门槛，影响了市场的统一性。

为了应对这些挑战，李强总理在国务院常务会议上强调了统一市场和加强宏观调控的重要性[①]。他指出，必须纠正那些妨碍市场统一的做法，消除地方保护主义，以应对国际经济环境带来的各种挑战。

---

① 李强主持召开国务院常务会议 研究落实建设全国统一大市场部署总体工作方案和近期举措等［EB/OL］.（2023-05-19）.https：//www.gov.cn/yaowen/liebiao/202305/content_6875192.htm.

李强总理认为，统一的大市场是中国的制度优势，也是国家稳定发展的重要基础。为了实现这一目标，需要构建一个多元化且统一的国家治理体系，以促进资源的有效流动和市场的健康发展。通过这些措施，可以加强国内市场的统一性，减少不必要的行政干预，提高资源配置的效率，从而在国际舞台上形成更加有力的竞争地位。

（三）建立中央与地方合理分权的体制

1.建立中央与地方合理的分权体制是社会主义政治经济发展的必然要求

国家若不设立适当的分权制度，便可能产生中央与地方之间信息传递不畅、执行力度逐级递减的现象。好政策在逐层传递过程中，可能会因信息扭曲而失去其原有的意义，用老百姓的话说就是“和尚念的经到最后都被和尚念歪了”。所以不可能只用中央的单一方式、没有分权来做制度安排，建立中央与地方合理的分权体制是社会主义政治经济发展的必然要求。

2.区分国家立法权和地方立法权

当前的立法权是自上而下的授权方式，这与实际的立法需求并不完全吻合。现行立法体系并没有完全解决理论上的问题。从国家层面的立法开始，逐步下放到省级，再到省会城市、副省级城市、国务院批准的经济特区以及地级市，呈现出层层下放的态势。以昆山为例，这是一个人口超过百万的县级市，却没有立法权。而人口仅有20万的嘉峪关市，作为一个不设区的地级市，却拥有地方自治权。立法权的获取是基于行政权力的批准，这在理论上是难以自圆其说的。

从需求角度出发，如果实行地方自治立法，那么权力的赋予应该是自下而上的，即村民自治。村民委员会可以自主处理事务，乡镇和县级政府也可以通过自主自治的管理体制来解决问题，县级层面应为地方留下一定的自治空间。然而，立法上需要实现自下而上的自治立法与自上而下的国家立法的有效配合。因为如果地方性法规不属于国家立法权的一部分，那么在司法公正性方面，县级法官的独立性就会受到质疑。目前，司法体制改革正在将人财物等权力上收到省级，使得市长、县长不再管理这些事务，因此，在处理县市级之间的司法公正问题时，法官有一种超然性。但省级以下的人财物由省级统一管理，县法院院长的提名由省法院提出，县法院的财政由省财政保障，县市级政府不负责司法开支，县法院的资金也不由县财政提供，这使得法官可以对县长硬气。

现在，设区的市拥有立法权，虽然不能直接管理法院，但法院在判决时必须将地方性法规作为参考依据。理论上，这形成了改革的两个方向：司法权的上收和立法权的下放，而立法权又是判决的依据。理论上，司法权应上升到最高法院，由国家中央管理，这样才能解决省与省之间的争议和纠纷。

因此，区分国家立法权和地方立法权，实际上是地方自治法规的争议和纠纷问题。法院在判决时不应以地方性法规作为依据，而只能作为参考。地方市人大制定的法规不能作为跨省区判决的依据，在司法理论上存在这样的问题。

3. 实行分税制基础之上的财政分权体制

在1994年实行分税制之前，中央政府的财政收入所占比例相对较低。然而，分税制实施之后，中央财政所占的比重逐渐上升。目前，中央政府应该适当减少其财政收入，同时增加地方政府的税收份额。特别是考虑到目前地方政府依赖土地出让金作为主要财政来源的现状，随着土地转让达到一个关键点，房地产市场的不景气和土地资源的减少，地方政府的公共支出和债务问题将面临严峻挑战。

目前，许多地方政府正在进行超前建设，例如贵州省的借贷额位居全国之首。在中国，一个市政府不能被允许破产，财政部也不能承担无限责任。地方政府债务问题需要通过法律手段加以控制，否则债务规模将不断扩大。在职5年的市长不在乎70年之后还的债务，他们更关注于政绩，通过借贷进行建设，导致债务不断累积。一旦市长调任，债务的偿还问题就可能被搁置。因此，在财政分权体制下，需要进一步完善中央政府与地方政府之间的职权划分和分工合作。

（四）推行和完善地方“自治”制度

推广和完善地方自治体系，全面推进地方自主权的发展，并完善民族区域自治制度，坚持和深化“一国两制”下的高程度自治制度。除了民族自治、民族区域自治和高度自治之外，内地也应拥有一定的自主管理空间。目前，虽然缺乏专门的地方政府自治法和地方分权法，但地方政府依然拥有自主权和积极性。如果未来能够制定政府间关系法、财政关系法等相关法律法规，虽然有助于明确地方政府的自治事权，但仍然可能面临法律上职权划分不明确的问题。

（五）完善中央对地方的控制机制

要完善立法、行政、司法、财政、人事政策控制六个控制方式，对其进行制度分析，让无效的制度有效化。

（六）建立中央与地方以及地方与地方之间的良性互动关系

1. 建立中央与地方之间的良性互动关系

在中国，中央与地方之间应当建立一种相互依存、相互配合的非对称的双向型良性互动关系。这种非对称的双向型良性互动关系需服从这一前提：在统一的不可分割的基础上，中央政府始终拥有影响对策各要素及对策进程的主动权；地方以相对独立的地位，拥有处理所辖区域内事务的自主权，同时，中央对这些权力行使过程保留监督控制权。

2. 地方利益的表达与平衡机制

我国地方各省、自治区、直辖市的人民政府的行政长官一般都是全国人民代表大会的代表，全国人民代表大会的小组会议以省区为单位开展活动，这些活动方式增加了以省区为单位表达地方利益的可能性，但在全国性的立法机构中，往往缺乏地方适当的代表，主要原因是全国人民代表大会的代表基本上是兼职，地方代表缺少经常性地向全国性立法机构表达地方利益和反映地方意见的机会。

3. 加强地方政府相互间的协调与合作

在划小省区的基础之上，促进以城市为中心的区划改革，并试图将行政区划与经济区划相协调。在这一过程中，应当加强地方政府间的横向合作。在建立各种形式的区域合作的过程中，各级地方政府间的合作有不同的形式，如城市政府联合体、区域内各地政府的联合、跨区域的地方政府联合等。

在江苏的苏南和苏北两个地区，存在着明显的财力差距。面对这一问题，地方财政部门不仅要向苏北地区提供资源支持，同时也应关注苏南地区的发展，通过促进两个地区的横向协调与合作，共同激发地区经济的活力。这与国家在国际化进程中寻求加入世界贸易组织的一体化协调机制有异曲同工之妙。在国内，我们同样需要建立类似的协调机制，以避免行政区划的人为划分阻碍地区间天然的经济联系和合作。

六、中央与地方关系的法律保障

（一）加强中央与地方关系立法，制定政府间财政关系法

1. 加强中央与地方关系立法

在许多国家，宪法都明确规定中央与地方的关系或者授予地方自治权。而中国宪法对此仅作了简单描述，包括地方各级人民代表大会组织法和地方各级人民政府组织法等。根据各级人民政府的组织法，省市县乡镇在行政组织法中被授予的职权非常相似，并没有明确的分类。因此，有必要将地方各级人民代表大会组织法和地方各级人民政府组织法分别制定，并对各级政府的职权进行明确划分。尽管2022年刚刚修订的法律加入了很多政治原则和指导思想，但遗憾的是未对法

律关系进行修改。我们需要考虑是否需要一个法律指标，并探讨是否可以分阶段来制定这些法律。

在中央层面，人民代表大会组织法和国务院组织法是分开制定的，但地方各级人民代表大会和各级人民政府的组织法却合并为一项法律。近年来，国务院进行了许多机构改革，但《国务院组织法》仅有11条，内容非常简略，其中7条与《宪法》条款相同，另外4条则有所不同，但基本上没有得到执行。《人民法院组织法》和《人民检察院组织法》都有30多条。此外，国务院的许多组织形式在法律上并没有具体的规定。因此，在中央与地方关系的立法方面，需要做出更多的努力，以确保法律的明确性、可执行性，并促进中央与地方之间更加协调和有效的关系。

2.制定政府间财政关系法

在构建我国政府间财政关系法的过程中，深入探讨政府与财政的互动关系至关重要，制定中央地方财政关系法是中央和地方分权的核心。政府间的财政关系法旨在规范中央和地方政府之间的关系，而不仅限于省级政府之间或其他级别政府之间。政府间财政关系是政治学上的一个概念，指的是中央政府与各级地方政府之间的关系。因此，制定政府间财政关系法对于规范财政管理具有非常必要的时代价值，其中蕴含着重要的指导原则。

我国政府间财政关系法调整的范围和重点难点也需要重点关注。有些人将政府间财政关系视为一个基本法来处理，有时候也考虑制定财政基本法来解决这个问题，即政府间的财政关系法。实际上，无论是哪种命名，其核心都是为了解决财政收支问题，如果不单独制定相关法律的话，就可以将收入、支出和转移支付等制度纳入政府间财政关系法中。在制定和起草政府间财政关系法的过程中，我们需要建立一个框架并解决其中的问题[①]。

（二）划分中央政府与地方政府的事权

1.确定中央与地方事权的划分规则

在讨论中央政府与地方政府之间的合作关系时，首先需要理解各项法律事权是如何被划分的，以及划分的原则和性质是什么。对于某些特定的事权，需要根据实际情况来具体分析，比如教育事权在中央还是地方。

2.划分中央与地方的事权

在确定中央与地方事权划分规则的基础上需要界定中央和地方之间的职责和权限。中央拥有国家立法权、机构组织权、人事任免权、最高行政管理权、国家监督权以及重大事项决策权等中央事权。而地方则享有地方自治法规和自治法律制定权、地方财政税收权、地方事务管理权等地方事权。

（三）中央与地方关系的监督保障机制

关于中央和地方关系的监督保障机制，它包括中央与地方之间的

① 熊文钊.世界银行贷款“现代财政制度与国家治理”技援项目成果［M］//政府间财政关系立法研究.北京：中国财政经济出版社，2020.

协调与监督、建立中央与地方关系的司法审查制度以及确保中央与地方关系在宪法中所得到的保障[1]。

互动环节

◎ 提问一：

关于行政区和经济区的关系这个问题，我认为出现这个问题可能有一个重要的背景，即地方政府在经济参与方面扮演着重要角色。如果地方政府仅仅提供公共服务，而整个经济发展完全由市场驱动，那么行政区和经济区之间就不应该产生太大的分离。基于这个背景，当经济区和行政区分离时，我们可以通过调整行政区来适应经济区的变化，以实现市场经济更好地发展并促进区域融合。我认为这在逻辑上是成立的。但是反过来想，如果现有的中国经济发展模式不发生变化，仍然是地方政府来驱动的，地方政府行为的干预仍然无法得到优化的话，好比我们改了行政边界，但是下一个边界又出现了，从逻辑上好像存在一种死循环。所以说另外一个思路是不是一个更长期的解决方案，就是政府职能的改变最根本的还是靠市场来驱动经济发展，不论这个边界放在哪里，市场动力它自然会把这个边界给冲破，自然会实现经济的融合。当然可能要有公共服务均等化的推进，包括政府行为的改变等。但是这个可能是长期的，因为经济发展模式肯定是有惯性或者有路径依赖，确实解决起来可能比第一种方案需要更长的时间，可能更困难。

① 熊文钊．大国地方：中央与地方关系法治化研究［M］．北京：中国政法大学出版社，2012．

◎ **回答：**

举个例子，我们建立一个政区，如果说这个政区和经济区是协调一致的，它是资源禀赋要素的，正好把经济区域的一些要素组合好了的话，它其实就实现了经济最大化；但是如果不协调会造成这样的情况：一个经济区是两个政区在管，有两个行政首长。比如无锡和苏州的关系，位于同一个亚经济区拥有同样的经济条件，但是分属不同的行政区，行政长官做的决策就可能出现重复交叉，造成了资源的浪费和各种不好的结果。苏州西边的新区和无锡东边的开发新区是连成一片的，但是互相分得很清楚，一方设立了几个台资企业，另一方也会去设立，互相较劲。包括太湖的治理问题，行政区是归苏州管辖，就是环太湖周边还有湖州这样的浙江省的城市，所以太湖就一直在环境管理上出现问题。污染被排放到公共的太湖里面，如果又不属于同一行政区管理范围内，是没有动力去花钱治理的。

以经济建设为中心是我们党的基本路线，也是我们党和国家兴旺发达、长治久安的根本要求，行政区划划分的第一条要素是按照经济区域原则。在历史上可能是以军事、宗教、文化等原则来划分的，但是我们现在一定是以经济作为第一要素，再考虑其他的因素，这样的话才能有利于经济协调发展，再辅以转变管理方式等手段，从区划调整中释放极大的生产力活力。各个地方有很多这种对区划调整的诉求，希望通过区划调整去释放出经济成长的能量，改变当地的经济发展态势。但是这个问题从国家层面来讲，缺乏一个统筹规划设计的考虑。

这个事情历朝历代在做，民国时期也在做，我们新时期要不要去研究区划结构怎么样更加合理，它有没有阻碍经济社会发展的一些情形？比如是不是可以找到因为区域化的组合造成了经济发展迟缓这样的情况，那就说明上层建筑不适应经济基础发展的要求，假如说我们把行政区划当成上层建筑制度安排，是不是可以改变一下从而让经济能够发展起来。因为区划调整让一个地方发展起来是有很多成功的例子的，比如海南建省、重庆直辖等。区域经济学是经济学的一个研究方向，经济区域经常碰到要调整、突破的问题，但是光依靠区域经济学的研究是做不到的，区域经济的发展时常受制于行政区域的制约，这时候我们就需要适时调整行政区划。

李永友

经济学博士（后），现任山东大学经济学院讲席教授。曾任浙江财经大学副校长，财政与公共管理学院教授、博士生导师，上海财经大学公共财政研究院兼职研究员，国家自然科学基金项目、国家社会科学基金项目等网评专家，《中国社会科学》等期刊匿名评审专家，长江学者特聘教授，国家百千万人才工程人选，国家级有突出贡献中青年专家，国务院政府特贴专家，教育部新世纪人才。主要研究领域为公共政策绩效评价研究。2010年入选省新世纪151人才第二层次培养人选，2010年和2012年两次荣获省高校优秀共产党员称号，2011年入选教育部新世纪人才。2项政策建议分别被国家规划办《成果要报》和教育部《专家建言》采用。主持国家社科基金、国家自然科学基金等国家级项目2项，省部级项目5项，出版学术著作2部，在《中国社会科学》《经济研究》等杂志发表学术论文40多篇。其中，获省级学术奖励一等奖1项、二等奖1项、三等奖2项，厅级一等奖3项。

第四讲 国家预算：在法治中融入现代性*

内容提要

党的十八大以来，预算管理制度改革取得重要进展，从新预算法的修订到预算法实施条例的修订，让预算管理制度改革在法治化的轨道上运行，然而在这个过程中，预算现代化的第二个核心——现代性却没有得到充分体现。国家治理现代化，预算是核心，建立现代预算制度，不是解决预算一时之弊，而是立足长远的系统性重构，强化预算的法定性，实现预算的现代性，财政才能真正成为国家治理的基础和重要支柱，财政治理才能走向现代化。预算要想真正走向现代化，实际上还是要充分发挥人民的力量，让人民能够参与预算的过程、监督预算的执行，从而让预算真正发挥集多方智慧于一体的国家治理目标，人民是作为预算法治精髓的重要价值体现。

* 这是李永友教授2023年6月24日在国家预算治理大讲堂的演讲稿，根据录音整理，并经本人审阅。

财政的核心是预算，如果预算不能够实现现代化，那国家治理现代化就缺少了有力的支撑。所以，要想推进国家治理现代化，就必须提到国家预算的现代化。在预算现代化过程中，有两个核心——法治性和现代性。目前，中国在预算制度和预算法律方面，充分体现了法治性。在这个过程中，虽然也嵌入了现代性的认识，但是未能在预算中得到充分体现，也没有充分融入法治当中。针对上述问题，谈谈国家预算在法治中融入现代化的一些思考。

一、国家预算反映国家的价值观

国家预算是一份呈现国家价值观的法律文本，这份文本反映的是国家的经济状态，国家的经济在为谁服务，以及如何通过将人民的需求、目标、创造力和力量放在首位和中心，更好地发展经济。国家预算看似是一份政府的收支计划、政策安排或者说重点工作的确立，但实际上它背后反映的是国家价值观，反映的是国家的发展是为谁发展、为谁服务。基于这样一个原因，在这份文本当中，我们能够看到它是如何把人民的需求、目标、创造力和力量放在什么样的位置来发展经济的。

（一）预算的政治性

1.预算与财政的关系

众所周知，预算是关于钱的问题，即怎么收、怎么支，但是预算不止于钱。因为财政首先是一个政治问题，然后才是财的问题。就像财政部一直在强调的“以政领财，以财辅政”，也就是说“政”是核心，预算实际上是“政”的充分体现，所以，预算更是一国建立和追求国家利益的一种重要方式。尽管预算规模占到国民财富的1/4甚至更高的水平，但钱还是非常稀缺的。正因如此，预算成了各方利益共同关注的焦点，这也就是为什么会有一年一度的预算审查会议以及年终决算报告，这个需要人民代表大会或者财经委审查，这是一个困难且充满冲突的过程。在过程当中，尤其是在每年年初预算审查背后充满着一系列的冲突，这种冲突主要表现为利益冲突。预算中的收支安排是各方利益冲突与平衡的结果。就预算的形成而言，就是各利益方在一起商讨，最后达成年度收支计划安排，该安排反映出了各利益方的最大公约利益，即预算并不一定能够满足所有利益方的诉求，但是其反映出的是最大公约利益，即谁的权利、什么权利应该得到优先保障。举个最简单的例子，税怎么征，是向有钱人征，还是向商品流通征等；再比如为什么要建立最低生活保障制度等。背后体现的是在钱稀缺的情况下，如何优先保障哪些人的权力、什么权利的实现。

2.预算和权力、服务的关系

在政府主导的预算中，收支安排透视出执政为谁，行政为谁服务，公权如何对待私权。公权如何对待私权，实际上背后体现的是作为公权力的预算的执行和编制主体，如何通过它的收支安排来对待个体的权利。预算天然就具有治理的思想，因为它是利益各方共同关注的焦点，也是各方利益妥协和平衡的结果。同时，预算是最高领导人、政府部门、各方利益团体和社会公众共同建构的一个国家秩序，成为限制公权保障民权的法律文本，所以法治是预算的一个本质特征。

（二）预算的法治性

1.预算中的法治思想

法治是根据法律治理国家和社会，是现代政治文明的核心，是人类社会进入现代文明的重要标志，也是人类政治文明的重要成果，法治能够为人们提供良好的生活秩序，保障人们在社会各个领域依法享有广泛的权利和自由，使人们安全有尊严地生活。那预算的法治性是如何得到体现的？那就是看预算能否使人们安全有尊严地生活、能否在社会的各个领域保障人们依法享有广泛的权利和自由、能否为人们提供良好的生活秩序，这些实际上充分体现了预算的法治性。

2.预算中的法治原则

法治强调的是权力制衡和法律救济。从预算的角度来讲，法治包括实质意义上的法治和形式意义上的法治，也就是强调两者的统一，形式意义上的法治强调“依法治国”“依法办事”的治国方式、制度及其运行机制。所以说，预算为什么要不折不扣地执行？实际上它背后体现的是形式意义上的法治，要求依法治国，依法办事，即依法安排财政收支。实质意义的法治强调了“法律至上”“法律主治”“制约权力”“保障权利”的价值、原则和精神。也就是说在实质意义上，预算的法治应该体现在如何把法律的强制性作为一个重要特征来体现，同时又如何来制约权力、保障权利，这都应该在预算文本当中得到体现，或者至少有相关的条款。法治需要思想上树立法律至上、权利平等、权力制约、权利本位的思想，也就是如果把法治作为预算的本质特征的话，那面对预算，无论是政府的权力机关、执行机构、司法部门还是每一个社会个体都应该树立法律至上的意识，在预算当中体现权利平等、制约权利和保障权利的意识。预算是由各方利益妥协形成，最后交由掌握公权力的公共机构执行的法律文本。其特点非常明确，即所有的法律最后都由政府的行政机构来执行。强制性作为其根本特征，规范的是行政行为，约束的是公权力，同时保障的是民众权利，维护的是公平正义的社会价值。

3. 预算的法治精髓

预算不能说是一个完整意义上的行政法，实际上它更多的是在规范行政行为，约束的是公权力，预算的法治思想就是在法的框架下，各方共同参与国家治理，共同维护社会公平正义，共同保障权利平等，共同推动人的发展和社会进步。从这个角度来讲，如果我们秉承了预算的法治思想，那么意味着预算实际上真正体现了财政的“政”。“政”实质上是就是基于一定的原则，对公共事务的共同商议所建构的一个环境。预算的法治精髓就是依法共治、约束权力、保障权利、促进发展。促进的是什么发展——是人的发展。当然人的发展最后也是表达为经济的发展、社会的进步等。财政之所以是国家治理的基础和重要支柱，就是因为预算的法治精髓。如果预算没有法治精髓，财政也就无法成为国家治理的基础和重要支柱。

二、预算管理和预算制度改革的成效

（一）党代会对预算改革的要求

基于对预算的认知或者法律精髓的认识，历届党代会都对预算管理和预算制度的改革都提出了一些明确的要求，比如党的十八届三中全会提出改进预算管理制度，实施全面规范、公开透明的预算制度；党的十九大又进一步提出建立全面规范透明、标准科学、约束有力的预算制度，全面实施绩效管理；党的十九届四中全会再一次强调要完善标准科学、规范透明、约束有力的预算制度；党的十九届五中全会，即我们常提到的“十四五”规划，对预算管理提出了更全面的要求，即深化预算管理制度改革，强化对预算编制的宏观指导，推进财政支出标准化、强化预算约束和绩效管理；党的二十大将要求汇总为健全现代预算制度。

（二）政府工作报告中的预算要求（2012—2023年）

党的精神也落实在政府的工作报告当中，对过去10年政府工作报告中有关预算方面的内容进行摘录，可以看到2012年实际上就有“稳步推进地方财政预算决算的公开”，即在2012年，政府工作报告只是讲稳步推进地方的财政预算决算的公开，还没有关于国家预算决算的公开。2013年的政府工作报告中没有关于预算的表述。2014年提得就比较多，但实际上核心就是8个字，即全面规范、公开透明。其余内容只不过是在这个基础上加以更加详细的表述，比如“要着力把所有的政府性收入纳入预算，实行全口径的预算管理。”高培勇教授在《中国工业经济》2023年第1期专门就“全口径预算管理，作为我们建立现代预算制度的基础性工程的一个重要工作”加以论述。由此可见，这种全口径预算管理对于我们全面规范公开透明的预算制度的重要性。各级政府的预算决算都要向社会公开，部门预算要逐步公开到基本支出和项目支出，这些都规定得非常详细。

2014年的政府工作报告对政府的预算公开性要求是前沿的，所有财政拨款的“三公”经费都要公开，打造阳光财政，让群众看明白、能监督。实际上最后9个字更实在，即我们之所以要全面规范公开透明，实际上就是为了解决让群众能够看明白的问题。如果监督没有全面规范、公开透明，群众也就看不明白，也就谈不上有效的监督。现在很多人都提到要加强预算监督，但是如果无法做到全面公开、规范透明，那么也难以做到有效监督。

2015年实际上对全面规范、公开透明的预算管理制度又做了进一步的表述，但这一次是强调除法定涉密信息外，中央和地方所有部门预决算都要公开，全面接受社会监督。公开中央和地方所有部门的预算的要求是在2014年的基础上进一步提高。

如果以2014年、2015年这样的要求来看，现在各级政府在互联网的支撑下，对本级政府的或政府相关部门的预算公开程度还是远远不够的，即政府提出的要求在现实当中还存在很大的差距。

2017年，政府工作报告中提到“深入推进政府预决算公开，倒逼沉淀资金盘活，提高资金使用效率，每一笔钱都要花在明处、用出实效”。2017年的要求，不仅仅是公开，它是通过公开来实现财政资金使用绩效的目标。钱花在明处，就是让所谓的低效的、无效的或者说腐败的使用无处藏身，由此，钱的效益自然就会得到体现与实现。

2018年，实际上是在2017年的基础上更加突出绩效，把绩效作为重点的预算管理的一项内容加以强调，即要全面实施绩效管理，使财政资金花得其所、用得安全。2018年的预算管理实际上在安全方面又有了新的要求，要求不仅仅是用得有效，还要用得安全。

2019年是加大预算的公开改革力度，全面实施预算绩效管理，实际上没有太多的新意；2021年是在之前几年的基础上强化了约束和绩效管理，加大了预算公开力度；2022年、2023年也是如此。

在党的重要文件和政府历年的工作报告当中，就过去10年的政府工作报告而言，预算改革的关键词主要集中在全面、公开、透明、绩效、标准科学、约束有力，最后到党的二十大提出了现代预算制度。可以看出全面、公开、透明、绩效、标准科学、约束有力都是作为现代预算制度的一个重要的体现。如果按照这样的文件精神来判断国家到底是否建立了现代预算制度，实际上就是看预算是否做到了全面、公开、透明，是否做到了用得有效、用得安全，是否建立了标准科学、约束有力的预算制度。这是建立现代预算制度，或者判断国家现在预算制度是否建立，或者建立到什么程度的很重要的一个依据。

（三）新预算法对法治精髓的体现

基于以上精神，2018年第二次修订中华人民共和国预算法，前面提到的预算法治精髓实际上在新版中华人民共和国预算法当中都得到了体现。

1.新法开端与强化约束

第一条提出了目标篇，是为了规范政府收支行为，强化预算约束，加强对预算的管理和监督，建立健全全面规范、公开透明的预算制度，保障经济社会的健康发展，这是开宗明义提出预算法的要求和目的。第一条中最关键的是规范政府收支行为，强化预算约束。预算约束，强化谁的预算约束？实际上，预算无论是编制，还是执行，或是后面的绩效评价，现在基本上都是以政府主导，即行政主导。在这种情况下，当然是要强化约束，约束的是政府的行政行为，所以新预算法开篇就开宗明义地讲规范政府的收支行为。但是光规范还是不够的，更需要的是强化约束。所以这两点具有递进关系，通过规范来强化约束。

2.新法内容重点

第四条，明确了预算由预算收入和支出组成，最关键的是政府的全部收入和支出都应该纳入预算。换言之，只有政府的全部收入和支出纳入了预算，才能够对它进行管理和监督，才能够透过预算来观察预算是否真正具有了法治精髓。

第十三条，实际上更多是在约束，即把预算法当中体现法治精髓内容中的公权力抽离出来，来观察预算法是如何进行规范的。第十三条强调经人民代表大会批准的预算，非经法定程序，不得调整。之前大家经常会看到预算的期中调整，而现在就明显地看到了中国在预算制度改革当中有明显的进步，而且这个进步非常大，即预算调整在网上都可以看到，这说明了预算并不是不可以调整，只要需要经过人民代表大会批准，经法定程序是可以调整的，但是调整必须按照预算法的规定，应及时向社会公布。各级政府、各部门、各单位的支出必须是已经批准的预算，未列入预算的不得支出，这条规定就会对政府行为产生约束。

第十四条，经本级人民代表大会或本级人民代表大会常务委员会批准的预算、预算调整、决算、预算执行情况的报告及报表，应当在批准后二十日内，由本级政府财政部门向社会公开，并对本级政府财政转移支付安排、执行的情况以及举借债务的情况等重要事项作出说明。就这一部分来讲，可以看到中国各级政府做得越来越好，至少相对于十年前来说，通过政府的官网、财政部的官网能够查到或者获取在本届人民代表大会结束之后的一个月的预算计划以及上一年度预算的执行情况。这说明政府的约束力得到了充分的体现，而且各级政府也基本上遵循了法律的约束力。但是实际上我们也会看到公开程度在各级政府之间还存在很大差异。中央政府、省级政府做得相对更好一点，而地级市政府、县级政府做得相对欠缺一点。虽然也做出了公开，但是能查到的信息还是没有中央政府或者省级政府公布的那么全面。

决算也是一样的，第十七条规定各级预算的编制、执行应当建立相健全相互制约、相互协调的机制。第三十五条，地方各级预算按照量入为出、收支平衡的原则编制，除本法律另有规定外，不列赤字。

2018年之后各级政府、地方各级政府要秉持量入为出、收支平衡的原则。但是预算中必需的建设投资的部分资金，可以在国务院规定的限额内，通过发行地方政府债券举借债务的方式筹措。举借的债务应当有偿还计划和稳定的偿债资金来源，只能用于公益性资本支出，不得用于经常性支出。如果对照这一点，可以查看国家各级政府在举借债务方面是否有偿还计划，或者是否有稳定的偿债资金来源，并对计划和稳定的偿债资金来源作出说明。

实际上目前在网上是查不到的，可能存在，但是至少在网上没有查到，那从这一点来讲，可以认为公开性还是不够的。同时，条款也对债务的举借用于公益性的资本性支出作出了明确要求，举借债务不能用于经常性支出，如果政府的举借债务用于发工资，显然是违背了预算法的第三十五条规定。但实际上在这一轮经济下行期间，有的地方政府用借债来发工资，或者说用于一些经常性支出项目的开支，显然违背了预算法的三十五条的要求。除前款规定外，地方政府所属部门不得以任何方式举借债务。如果把这一条对应到当下的PPP项目或者政府购买服务中，出现了各种隐性债务，就可以做出判断，即地方政府或者部分地区的地方政府，还是没有严格遵守三十五条的约束规定。换而言之，法制性或者法律的强制性约束力还不够硬和不够强。

3.预算收入管理与法治观念

第三十六条，各级预算收入的编制，应当与经济社会发展水平相适应，与财政政策相衔接。最关键的是各级政府、各部门、各单位应当依据本法规定，将所有政府的收入全部列入预算，不得隐瞒、少列。

以前还存在“小金库”的现象，现在“小金库”都消失了，这是一个很大的进步。预算法的第三十六条对地方政府、各级政府的预算收入管理提出了明确的要求，强制力也在增加。

第五十五条，预算收入征收部门和单位，必须依照法律、行政法规的规定，及时、足额征收应征的预算收入。不得违反法律、行政法规规定，多征、提前征或减征、免征、缓征应征的预算收入，不得截留、占用或者挪用预算收入。对照今天，各级政府的减税、免税和地方性五花八门的政策，实际上都是与第五十五条不一致的，这也反映了预算的约束力还不强。同时，各级政府不得向预算收入征收部门和单位下达收入指标，如果现阶段税收的征收任务还存在的话，显然也是与五十五条不一致的。

4.退库与法律责任

第六十条，实际上表述的是退付的问题。各级财政部门或者其授权机构应当及时办理退付，即依照法律、行政法规的规定或者国务院决定需要退付的，要及时办理退付。如果不能及时办理退付，要作出说明等。这些都在六十条中加以规范。

第九十二条到后面部分的内容都是法律责任，即法律应该有严格的司法环节或者司法的内容。第九十二条到第九十三条都是在讲法律责任，如果违背了预算法的上述条款，应该承担法律责任，但问题在于到底向谁问责，因为它都代表的是政府行为，而政府往往是一个群体，虽然现在有直接负责人或者直接责任人，但是也是在执行政府的决定。所以，就是在论述如何追责，实际上是确定了预算法的法律前置性，或者说约束力的一个很重要维度。各级政府及有关部门有下列行为之一的，责令改正，对负有直接责任的主管人员和其他直接责任人追究行政责任。其中一条就是未依照本法规定对有关预算事项进行公开说明的。实际上2014年新法公布，到2018年的再次修订，直至今日，如果对照预算法，还有相当部分的政府，尤其是地方政府没有依照本法规定对有关预算事项进行公开说明。如果按照这一条，应该追究负有直接责任的主管人员及其他责任人的行政责任，实际上有没有追究也不得而知，但至少这一条还是有相当强的约束力的。

同样在第九十三条也明确了比第九十二条更为严格的规定，就是对负有直接责任的主管人员及其他直接责任人员依法给予降级、撤职、开除的处分。其中包括未将所有的收入和支出列入预算或虚列收入和支出的；违反法律行政法规的规定，多征、提前征收或减征、免征、缓征等。实际上这些情况在现实当中还是有的，只不过目前还没有看到相关人员受到降级、撤职、开除的处分情况。

5.法治精髓与公民权力

最关键的一条同时也是体现预算法的法治精髓的是第九十一条，即公民、法人或其他组织发现有违反本法的行为，可以依法向有关国家机关进行检举、控告。如果公民个人发现某一级政府或者某个地方政府没有按照预算法的规定来公开透明它的预算等，都可以进行举报。这一条为公民法人和其他组织就违反本法的行为依法向有关机关提供检举控告提供了法律依据。所有的公民、法人或者其他社会组织都可以此法为依据，对各级政府的预算行为进行监督。

（四）国家预算法制性与实际执行的差距

1.实施条例内容概览

预算法的规定在预算法的实施条例当中也有充分的体现。比如第六条，对一般转移支付应该公开到什么程度进行了明确规划，要细化到地区，目前这一条基本上已经做到了，这说明国家预算的法制性在提高。专项转移支付向社会公开应当细化到地区和项目，基本上已经做到，至少在过去的三年，查阅中央的各个省级政府的预算信息时，这两点都能够得到实现。同时就政府债务、机关运行经费、政府采购、财政专户资金等情况，按照有关规定向社会公开，也能够查到，但不全面，比如政府债务、债务限额、债务的地区分配、债务的使用项目等，都是能够查到的，但是债务的使用情况，包括它产生的收益或者偿债情况，未向社会及时公开。

2.预算公开与落实

部门预算、决算应当公开基本支出和项目支出，基本支出应该公开到款的要求非常高，按其经济性质分类，基本支出应当公开到款。如果按照这个标准，把全国各个省市的财政部门公布的预决算报告报表进行比较的话，按照经济性质分类，基本支出应当公开到款的，实际上并不多，或者可以说是很少。

各部门所属单位的预算、决算及报表，应当在部门批复后二十日内由单位向社会公开。单位预算、决算应当公开基本支出和项目支出，单位预算、决算支出按照功能分类应当公开到项，按照经济性质分类，基本支出应当公开到款，这个要求非常高。该实施条例是否得到落实，至少从目前看来，还是有差距的。

3.预算资金管理与实际

实施条例第五十七条提到，各级政府财政部门应当加强对预算资金拨付的管理，并遵循下列原则：按照预算拨付，即按照批准的年度预算和用款计划拨付资金。除预算法第五十四条规定的在预算草案批准前可以安排支出的情形外，不得办理无预算、无用款计划、超预算或者超计划的资金拨付，不得擅自改变支出用途。这些要求都是非常高的，但在现实当中，在政府主导的经济社会治理模式下，财政部门和地方决策者之间的预算情况事实上还有很大的问题，即是否有预算在这一方面还是需要加以改进。

实施条例第六十条同样做出了一些要求：不得擅自扩大支出范围、提高支出标准，严格按照支出的用途使用资金，合理安排支出进度，强化预算约束，遵守财政制度等。

4.法治执行问题

实施条例第九十四条实际上和预算法第九十二条、第九十三条基本一致，对负有直接责任的主管人员和其他直接责任人员，依法给予处分：第一是突破一般债务限额或者专项债务限额举借债务，这个问题基本上不存在，因为目前至少就预算管理的债务而言，都是在限额之下进行举债的。第二是违反本条例规定下达转移支付预算或者拨付转移支付资金，实际上无法观察到这一点。第三是擅自开设、变更账户，各级财政部门或各级预算单位都不会出现这种情况。

5.预算法学习的不足

习近平总书记在2014年9月5日的全国人民代表大会成立60周年上的讲话中提到："奉法者强则国强，奉法者弱则国弱"。2015年6月26日十八届中央政治局第二十四次集体学习时习近平总书记的讲话强调，更值得注意的是已有的法规制度并没有得到严格执行。如果我们按照习近平总书记的要求，预算法应该得到无条件的执行，政府的财政部门、预算单位等都必须要严格执行。尤其是地方政府的主管人员，一定要把预算法学透、悟透、领会透，然后才能加以执行。换句话来说，地方政府若想真正做到习近平总书记所说的"奉法者强则国强"、已有的法律制度都应该得到严格执行的话，就必须认真学习预算法。现在各级政府在学习当中有没有把预算法作为重要的内容加以学习，以及有没有把预算法的精神落实到工作当中是不得而知的，但至少可以看到预算的法制性，尤其是有法必依、严格执法的方面离习近平总书记的要求还是有差距的。

（五）预算全面公开透明程度的提升

从时间维度来看，中国预算的全面、公开、透明的程度是在不断提高的。2013年中央财政预算总共公布了11个表格、4个说明，但是2023年，财政部网站公布的2023年中央财政预算中共公布了35张表，其中28张是表格，7张是对收入支出、债务转移支付等相关内容的说明，这在预算法当中都有明确要求。不仅要公布预算的收支债务等，还要对某些事项进行详细地进一步说明。从这一点可以看出，就中央预算来讲，2013年相对于2023年的公布显然是不全面的，透明度也不是太高，但是2023年明显有很大的提升，从全国预算来说，这种进步也是很明显的。2015年全国财政决算从财政部网站上可以查到总共公布了37张表格和说明，2017年又增加到42张表格，2021年已经增加到57张表格，就全国财政决算报表来看，公布得更加全面，公开的内容也更加细致，透明度也在提高。就预算报告来说，每年的人民代表大会通过的预算草案的报告同样有很大的改进，透明度、全面性、公开性有很大的提升。

以过去10年为例，从财政部网站上可以查阅到的2012年中央和地方预算执行情况和2013年中央和地方预算草案的报告，总字数是13662个字，包括三张图表，图表主要是呈现预算平衡，后面有文字说明。关于2022年中央和地方预算执行情况和2023年中央地方预算草案的报告的字数增加到22954个字，更关键的是在这份报告之外，有一个附录，包括了很多的表格和说明。在2012年的这份草案的报告中没有这个信息，2012年呈现给人大代表的可能有这个表和说明，但是在这份预算草案的报告的文字说明中没有标注，而2022年则在预算草案的报告中有明确标注。这充分体现出在过去10年当中，国家预算的全面、公开、透明的程度有所提高。2012年的中央决算报告总字数是6233字，2021年中央决算报告的字数增加了接近一倍，11424个字。但是仍存在一些问题，虽然预算的全面、公开、透明有所提高，但是按照预算法的规定，决算报告当中应该有一个很重要的组成部分，就是对过去一年的预算执行情况问题的总结。在2012年的中央决算报告当中，有关2012年决算执行问题的总结共187个字，2021年中央决算报告的关于执行的问题只有67个字，相对于2012年，2021年的中央决算报告可以看到关于我们做了什么的肯定性的文字表述有所增加，而关于问题的内容越来越少，是否决算报告的结构发生了变化，我们不得而知，但是至少就预算当中对问题的总结这一点而言，实际上在逐步减弱。

再看另外一份报告，预算的公开性、透明性、全面性同样也在提高，比如全国人大财经委员会报告的2012年的中央决算审查结果，2012年的字数共是1821个，2021年这个字数增加到3002个。在2012年的中央决算审查结果的报告当中，有关问题提出的总字数是90个，而2021年字数增加到202个，这说明财经委的审查作用和监督作用有所增强。

（六）预算科学性的提升

除了公开、全面、透明，预算的科学性也在提高。在过去10年中，从公开渠道获取的数据只能看两个指标，第一个指标是一般公共预算的财政支出中的其他支出，无法得知支出内容，可以理解为模糊性的一种制度安排。这种制度安排的比重越高，意味着科学性越差。2012年该比重接近3%，2021年该比重已经下降到0.7%左右，说明科学性在过去10年中有所提高。第二个指标是非税收入，政府的收入中有税收和非税收入，非税收入有其他收入。2012年国有资产的收入没统计和公布，导致当年非税收入中的其他收入占非税收入的比重达到40%，2021年相对于2018年有所提高，但相对还是在9%左右，下降非常明显。说明预算编制变得越来越更加科学了，项目越细、预算编制的科学性越高。

（七）地方财政的公开透明度和科学性

1.地方财政全面公开透明程度存在差异

从地方角度来讲，地方财政的全面公开透明程度在地区间存在很大差异，在东中西部随机找了7个省份同一年公开的预算表格数量，不同的地方差别很大，江苏公布得最为全面，共公布了65张表格，涉及4本预算以及债务和转移支付的分配，同时还公布了广义政府的运行情况。其次是浙江，西部地区的贵州和甘肃、湖北相对比较低。但是表格的公布数量无论是西部还是东部，相对于2012年都有大幅度提高。2012年除了上一年的预算执行情况和当年的预算，很难获得预决算或者预算的报表，相对于10年前，虽然地区之间有差异，但预算的全面公开透明程度也在提高。

2.预算科学性在地区间差异明显

地区之间的科学性差异也非常明显，同样是这几个地方，其他支出占一般公共预算支出的比重在地区间差异很大，东部的浙江和江苏相对比较低，黑龙江等地区相对比较高，地方的经济发展水平以及市场化程度对预算的科学性有一定的相关性，但这只是一种粗略的推测，没有更深入的经验分析。再看其他收入中的非税收入占比，可以看到湖南的占比特别高，占到了35%，其他地方相对比较低，说明预算科学性在地区间存在差异。从时间维度上看，年度之间波动比较大，不知道原因，但是至少可以看出在时间维度上预算编制的科学性在地方层面实际并没有明显的提高。

三、中国预算改革：现状与挑战

（一）全面公开透明的挑战

中国的预算改革在全面公开透明上取得了很大的进步，做出了很多制度性的创新，但是也有很多地方需要提高或改进，法制性没有得到充分的体现。例如，国债所筹资金的使用情况，地方政府新增一般债使用情况，按照预算法的规定，一般债是在一般公共预算里，专项债是在政府性资金预算里，实际上目前一般公共预算里不包括建设性预算，所以一般公共预算里新增一般债该定在什么地方，是判断国家的预算法在预算执行中有没有得到遵守的很重要的维度。目前从相关信息中无法获得新增一般债是用在收益性项目上还是正常性项目上，如果使用在正常性项目上，那新增一般债的使用就违背了预算法的规定。同样，政府举债的偿债计划，无论是中央政府还是地方政府，政府举债之后有没有偿债计划，怎么偿债等都没有相关说明。正是因为没有借款说明，所以目前对政府债务的偿债能力都是基于数据的估计，也导致了现在不清楚政府的债务有多大规模，是否能够可持续以及持续多长时间。还有就是政府性资金预算、国有资本经营预算、社会保险资金预算等，实际上一般公共预算在全面公开透明方面做得相对较好，但政府性资金预算等其他三本账的公开透明程度相对较低，类似的情况还有很多。

（二）标准科学、约束有力的挑战

前面提到了标准科学性提高了，约束力也在增强，包括财政部和一些省份都在为支出标准化积极努力，制定相关标准。一是基本支出有标准但科学性还存疑，换句话说，人员经费多少为宜，实际上可以制定一个标准，这个标准是否科学应该有依据或者至少有说明，但我们现在还看不到，更多的是根据经验来。二是看似告别了传统的基数法、增加了因素法，但是预算依赖于过去的经验，叠加上现在依据公式所形成的资金分配和收入预算，在科学性方面还有很大的差距。由于目前的政府预算没有明确的职责界定，再加上没有标准，很难实现约束有力。让预算变得更有约束力实际上不是预算本身，而是在预算之外，就是要对政府的职责边界有明确的界定，但是目前我们国家没有预算的支出法，或者说没有财政法，进而导致政府的预算没有明确界定，政府什么事可做、什么事不可做、做到什么程度，没有明确界定，所以很难对政府的支出行为进行约束。

四、现代预算制度的特征与理论探索

（一）预算绩效与绩效预算

预算绩效和绩效预算备受关注，实际上就是花钱必问效、无效必问责，这个提法是预算法当中明确提出的，2018年通过的中共中央、国务院关于全面实施预算绩效管理的意见中，提出了用3—5年的时间，基本建成全方位、全过程、全覆盖的预算绩效管理体系。它在强调预算的钱花得要值、要安全，也就是健全激励约束机制，实现绩效评价结果与预算安排和政策调整挂钩，这里有一个问题就是预算的绩效的确要评价，但评价的结果怎么应用，实际上在预算法当中并没有作出明确的界定。举个简单的例子，比如用在教育方面的支出，如果我们评价它的效率很低或者效益很差，是否应该再把这个结果应用到第二年的预算当中，减少教育支出？显然，如果把结果应用到下一年度的预算安排上，好像也令人费解。那这时候并不是预算绩效本身的应用，而是预算绩效较低应该问责。回到前面讲的无效必问责上，不应该把低效的结果应用到下一年的预算安排上，与它进行挂钩，所以这里应该有激励约束机制的建构问题。目前无论是预算法还是各年的预算以及相关的制度都没有明确界定过。

绩效评价的再评价问题，现在从上到下各个财政部门都建立了绩效评价中心或者机构，绩效评价既有政府部门自己在做，也有委托第三方做，包括一些高校，但是问题在于绩效评价到底是为什么？实际上谁也说不清。所以我们写绩效评价的再评价，就是绩效评价结果对绩效管理有什么用，再评价是提高预算评价的作用，能够对预算管理有帮助。

（二）现代预算制度的外部框架

1.现代预算制度的基本原则

无论全面、公开、透明还是绩效约束有力、标准科学，最终都体现在现代预算制度里。怎么来理解现代，很多研究都做了探索，比如党的二十大学习读本里面讲过健全现代预算制度的基本原则：党的集中统一领导、坚持以人民为中心的发展思想。我最关心的是第二条坚持以人民为中心的发展思想，推动现代化建设成果，更多更公平惠及全体人民。因为它和党的二十大精神是一致的，也是习近平总书记始终强调的人民至上理念。至于其他的现代预算制度，像艰苦奋斗、勤俭节约、可持续的财政保障机制、提升预算管理的现代化水平，牢牢守住不发生系统性风险的底线也与现在预算制度有关，但是否应该成为预算的基本原则，还是需要做进一步的学理性探究。

2. 现代预算制度的特征

党的二十大学习读本同时也提到，推动预算编制的完整科学，预算执行规范高效，预算进度严格有力，管理手段先进完备，构建完善综合统筹规范透明、约束有力，讲求绩效持续安全的现代预算制度。如果把前面的修饰语和新的预算制度剥离开来，就会看到现代预算制度的特征就是编制完整科学，执行规范高效，监督严格有力，手段先进完备，完善综合统筹，规范透明约束，有力讲求绩效、持续安全等外在的特征。

（三）现代预算制度建立的逻辑

清华大学陆毅和欧阳洁曾经在人民日报上的《深入理解建立现代预算制度的逻辑》一文中提到了判断一个国家是否建立现代预算制度通常有两个重要的参考标准，一个是是否全面完整加以反映预算收支，科学合理地加以编制，规范有序地加以执行，形成标准统一的预算管理体系。实际上更多的还是从管理的角度，预算收支能够全面完整，编制要科学合理，执行要规范有序，标准要统一。另一个是预算监督体系，即建立约束有力的立体化预算监督体系。这些都是从管理和监督的角度讨论的现代预算制度。但是到底什么是现代预算制度以及现代预算制度应该具有的价值特征，实际上没在研究中得到体现。

（四）现代预算制度健全的方向

1.从管理角度提出四个方面

马海涛教授和肖鹏教授曾写过《健全现代预算制度，提持续提升政府治理效能》，表述得比较到位，从强化统筹、突出绩效、支出标准、信息支撑，即管理的角度提出现代预算制度4个方面的健全方向。

2.全面实施全口径预算管理

高培勇教授在《中国工业经济》2023年第1期中发表《论现代健全现代预算制度的基础工程》一文，其中技术过程就是全面实施全口径预算管理周期，他认为全口径预算管理是现代预算制度的基础。它的全口径包括两个方面：一个是各级人民代表大会在立法层面对同级政府所有收支的全口径控制；另一个是财税部门在行政层面对同级政府所有收支的全口径管理，如果达到了他所说的全口径预算管理，就是真正做到了全面，为后面的透明公开打下了基础，因为如果没有全口径的预算管理，透明公开的意义不大。如果只一部分公开透明，对现代预算制度的意义也不大。所以他认为全口径的预算管理是基础，这也是非常实际的。

3. 现代预算制度改革的五个任务

樊丽明教授在2022年《财政研究》上发表的《健全现代预算制度：回顾与前瞻》一文认为，健全现代预算制度至少有如下几个方面的任务：第一个是统筹能力，第二个是支出标准，第三个是执行制度，第四个是财政风险化解，第五个是监督制度。这五个方面都可以理解为现代预算制度要改革的方向，要提高、加强、防范、健全。

五、中国预算改革：法治与现代性

（一）预算的法治建设

1.预算法治建设的要义

前文内容主要在强调一点，预算的法治精髓如何贯穿到预算的编制、审查、执行和监督中去。为什么要特别强调预算的法治建设？其实在中共中央关于全面推进依法治国若干重大问题的决定当中有过明确的表述，它说必须坚持法治建设，为了人民、依靠人民、造福人民、保护人民，以保障人民根本权益为出发点和落脚点，也就是预算的法治建设，同样是在法治建设的大框架下，实现法治建设目标要以保障人民的根本权益为出发点和落脚点，要保护人民、为了人民。所以这是预算的法治建设的要义。

2. 预算法治建设的精髓

对照党的二十大报告，财政是国家治理的基础和重要支柱，预算是国家治理的核心。党的二十大报告多次提到：权利是为人民谋福利的，必须坚持人民至上，要通过预算让人民的生活更加幸福美好，使社会保持长期稳定、促进人的全面发展。同时适应好、维护好、发展好最广大人民的根本利益，紧紧抓住人民最关心、最直接、最现实的利益，采取更多的惠民生、暖民心的举措，着力解决好人民群众急难愁盼的问题，这些最后都要通过年度预算计划加以实现。倒过来说，年度预算计划就是为了落实党的二十大精神，或者更广义地来说就是落实党领导全国人民在推进中国式现代化的进程中为民谋福利的要求，提供有制度保障、有法律依据的收支安排计划。所以预算的法治精髓之上有两个字：人民。如果我们把这个“民”字去掉的话，就是人，人就成了预算法治精髓之上的一个价值性原则。也就是说，如果一个预算不能体现人的价值诉求的话，预算也就不能反映它的现代性。

（二）现代预算制度与预算的现代性

1.现代预算制度的定义与发展

现代预算制度与预算的现代性实际上有很大差异。现代预算制度是从预算管理的角度将预算管理区分为过去和现代，体现为一种时代概念，也就是预算管理发展到今天，应该信息更加透明、收支更加全面、支出更加标准、管理更加规范、监督更加有力、手段更加先进，这都是从管理的角度。相对于过去来说，发展到今天，这是在预算管理或者实践当中应该表现出的样子。那这也正是从国家治理现代化需要出发，提出预算管理和预算能力现代化及现代预算制度。如果把现代预算制度的特征刻画出来，总结专家所讲的内容以及预算法的规定，实际上就是这几个方面：信息更加透明、收支更加全面、支出更加标准、管理更加规范、监督更加有力、手段更加先进。这就概括为预算制度的“现代”两个字。但是现代预算制度和预算的现代性还是有很大的差异。

2. 预算现代性的价值属性和核心体现

预算的现代性并不是一个与时俱进的管理概念，而是预算作为一个多方利益妥协共治的联接应当具有的价值属性。也就是说，预算的新概念实际上体现的是预算的价值属性。预算的价值属性是在预算的法制之上应该体现的人的发展诉求，预算实际上是为人的发展提供法律依据的保障。

预算现代性的核心体现就是对权力的保障和制约。无论是制约还是权利的保障，目的都是保护人的自由权利。对权力的制约，反过来就是对自由的保障，权利的保障也是为人的自由提供基础和条件。所以预算的现代性的价值属性，就体现在通过这份预算能否看到人这个主体，如果一个国家的预算制度或者预算文件中看不到人这个主体的话，那这份预算只能是一个行政管理的制度安排或计划安排，他对权利的制约和对权利的保障也就变成一个形式，实践当中不可能得到有效的执行。

3. 将现代性融入预算的法定性

预算作为一部法律，法定性是其特征，现代性是其价值，法定性实际上就是法治精髓的最基本的要求，现代性是法治精髓的更高要求。

预算的法定性体现为对行政权的约束，现代性体现对人的自由权利提供的保障。所以法制之上所应具有的现代性，是从两个不同的维度来对预算的属性进行界定。习近平总书记也特别强调过，党和政府要带头过紧日子，目的是老百姓过好日子，这是我们党的宗旨和性质所决定的。如果按照习近平总书记的要求，党的宗旨和性质就决定了党集中领导下的预算要始终体现人民的意志，能为人的自由权利提供保障，能促进权利平等，否则政府再过紧日子，老百姓也过不上好日子。网上也经常会看到懒政的现象，确实少花钱了，但实际上也少做事了，如果把少花钱只是理解为过紧日子的话，那么老百姓需要的公共服务得不到满足，这些都会让党领导下的预算难以得到体现。

预算的现代性规定预算应能充分反映人民的利益诉求，要能够为约束公权创造条件，要充分运用现代化的管理手段，保障人民需要得到满足。也就是前面讲的管理手段的现代化。包括现在用的大数据管理，实际上，数字财税不仅仅是技术手段的变革，让决策更加科学，管理更加先进，最终的目的是让人民的需求得到更好的满足，这才是数字财税根本的目的，否则适得其反，变成限制人民权利和限制人民自由的手段。

（三）预算现代性的要求与特征

如果预算的现代性是预算的法制性之上的价值原则的话，那么预算的现代性又规定了什么？通过预算的现代性，实际上可以为所有提出预算管理要求的各个方面找到依据。

1. 全面公开透明是对预算的基本要求

没有全面公开透明，约束公权和保护私权不可能全部实现，因为充分监督缺乏条件。所以现在预算的现代性规定了预算必须要全面公开透明。而预算要能够实现约束公权、保护私权，也只有全面公开透明，这是预算现代性的基本要求。

2. 强化问责是预算现代性的应有之义

绩效是预算的本分，绩效是以人民是否满意为标准，不是以政府政绩为标准，无绩无效是最大的政治风险，比财政是否可持续（比如债务多一点少一点等）可能影响更大。因为它威胁民心，按照习近平总书记讲的，江山就是人民、人民就是江山，无绩无效是最大的政治风险，会失去民心。有绩无效是最明显的经济风险，表示资源错配，会带来一系列问题。

3. 充分反映人民的意志是预算现代性的基石

预算要能充分反映人民的声音，人民的声音能够传递到预算的全过程。为此，预算需要独立于行政，在权力机关内有专门专业机构负责编制和分配以及绩效评价。现在的预算是内在于政府的行政机构，由行政机构主导的预算编制、分配、使用，实际上可以说三分离，尽管有内部审计机构，但是要真正能把人民的声音传递到预算的全过程，实际上还是需要在权力机关内部有专门机构做预算的编制、分配和绩效评价，而不是由财政部门来做。

4. 限制行政的自由裁量权是预算现代性的关键

限制行政的自由裁量权在预算现代化中很关键，但在政府缺乏边界限制的情况下，限制行政自由裁量权几乎不可能。为此，预算需要包括对政府权力边界的规定和支出标准的规范，标准科学才能约束有力。这个标准科学包括了两层含义，不仅是支出要有标准，而且政府的行政边界也要有标准。如果政府的行动没有边界，支出标准是制定不完备的，只能就可预见的支出而制定标准，不可能穷尽政府所有的支出行为，解决不了约束有力的问题。

5.防止权力腐败是预算现代性的重要特征

预算的现代性要求预算应处处体现人这一发展目的，维护人的生存权、健康权、发展权、自由选择权是预算体制、预算制度和年度设置安排的依据，确保权力平等，防止权力腐败是预算现代性的重要特征。通过预算报告能够看到国家是否通过预算保证人民的权利平等，是否能够防止公权力的腐败。如果要从全球这么多国家中选择一个国家去住的话，应该通过什么方式来获取这个国家值得去住的信息，那实际上就是预算。预算现代性的程度规定着这个国家是不是一个适宜人居住的地方。

6.避免预算不可持续风险是预算现代性的公共选择

提高预算能力，避免预算不可持续风险，是预算现代性在平衡需要与可能关系上，对权利保障力度的公共选择，所以需要基于个体理性的社会理性，为此，预算应在社会收入动员能力上充分尊重收益成本代际平等原则，否则会产生财政幻觉等。所以为什么要充分提高我们的预算能力，避免预算的不可持续性？实际上都可能源于一个很重要的原因，就是我们在成本收益的权衡上没有解决好或者无法做出科学的评估。基于成本收益无法评估的公共选择，它都可能是个体理性下的集体非理性，从而带来了预算的不可持续。债务的无限扩张，实际上可以理解为财政幻觉在现实当中的一个表现。

互动环节

◎ 提问一：

法治性和现代性二者有没有层级关系？是不是现代性更高级一些？法治性更像处在一个初级阶段，那么它们是否像是一个硬币的两面，一面是法治性，另一面体现的就是现代性？是否可以理解为现代性更多的是一种价值或者说本质层面的表达形式，而法治性更多是在一个表面形式的体现？

◎ 回答：

关于第一个问题，我是这样理解的，预算的现代性是预算的价值原则，也就是说预算的一个价值就体现在现代性，而预算的法治性或者说法治特征的话，就是预算的本质特征。本质特征是什么意思？就是它的价值原则即现代性最后还是需要通过法治性加以确立。所以预算的法治性为预算现代性价值原则的实现提供了法理依据或者是制度保障，二者是这样一个关系。关于第二个问题我不是这样理解的，因为法治性不应该是体现在表面上，而应该体现在实质上。法治目前有两个意义：一个叫作实质意义，一个叫作形式意义，形式意义是次要的，实质意义才是根本的。因为只有通过实质意义的法治性体现，预算的现代性才能得到真正的实现，或者说真正的维护。

举个最简单的例子，最低生活保障制度。最低生活保障，就是说财政资金安排，拿出多少钱、为什么人提供最低生活保障、初衷是什么、价值追求是什么？作为一个个体，人应该具有生存权这样一个基本的权利诉求，这种权利诉求想要保障的话，必须要通过预算立法得以确立，否则，如果只是停留在理念或者价值原则上的话，它的可持续性就相对较差。比如各个地方出现了不该拿低保的人拿着低保和该拿低保的人没有拿低保的现状，然后有些地方政府只是在形式上做到了低保制度，也有相关的经费支持，但是并没有出于人的生存权价值原则来确立支出标准。一个人要维持基本的生存，那他要有安全的、有踪影的生活，他应该具有的生存权利的大小是什么？对应的物质基础是什么？物质条件是什么？这些都需要通过实质性的法律。在我们的预算当中，对于应该有什么的前置性规定，地方政府不只是一个执行的角色，实质性的法律文本都应该成为法定性的一个外在的特征。

◎ 提问二：

针对法制性目前推进的现状，结合我们最近几年预算制度的改革，您觉得我们国家预算的法治性，下一步如果推动的话，最容易或者最应该推动的是哪些方面的法治性建设和改革。

◎ 回答：

个人觉得如果以我们现在预算为起点来推进预算改革的话，有两个可能是最重要的：第一个就是制定政府支出法，法定化政府支出边界。制定一个政府的支出法，也可以称为财政法，将有助于国家预算法治性的下一步推进。支出法就是解决政府的边界问题，在我国政府主导的经济社会治理模式下，没有支出法，政府的支出边界就不清晰，不清晰带来的问题是地方政府不知道自己哪些事该做，哪些事不该做，或者做到什么程度。所以，政府的钱总是不足，就是因为它的支出没有边界，没有边界意味着它无法确定自己的支出需求是多大。第二个可以改革的是支出标准，但是只有支出法制定了之后，第二个支出标准才有制定的依据——政府应该做哪些事，每一个市对应的支出需求是多大，需要通过科学的测算界定。这两个改革是一个很重要的方向，技术可以在另外两个维度进行改进：一个就是政府预算的编制、分配、执行分配与绩效，应该从现在财政部门转移到人大的专门机构来做，他们在这个过程当中要配合人员的专业化水平的提高。现在人大专门审查，把预算编制、执行、分配与监督集中到财政部门，实际上就等于把行政权力和决策权力以及监督权力放在一起，虽然人大也在监督，但是实际上形式更多，同时我们在预算的编制分配上可能也是形式更多，那实质就是对预算执行的约束力是非常有限的。所以只有独立出去，预算才更加体现人民的声音，让人民的声音能够贯穿到预算的整个过程中去，真正把分配权、执行权、监督权和预算的编制权利分离开，但也需要有相关人员和技术的支持。无论是中央预算还是地方各级预算都存在一个专业人员不够的问题。预算司到预算局都算专业机构，但是人员很少，难以满足预算科学编制的基本要求，进而导致编制不科学。人少且专业程度不太高，这都可能带来预算编制不科学的问题。

在这个过程当中还有一个很重要的问题，如果支出法出台了之后，就应该相应跟进财政法，财政法就是规范政府的收入边界，即收入范围、收入口径等，这也回应了高培勇教授所说全口径预算目标的人到底能不能实现的问题。但现在我们没有这样一部法律，所以对于政府应该有哪些收入、收入应该怎么进行管理，实际上还是缺少法律依据的。所以需要跟进政府财政法，规范政府收入边界。

总而言之，在推进预算现代化的过程当中，预算制度这个方向应该是一个很重要的方向。至于预算监督更加有力，支出更加规范，都是依赖于预算制度。没有前面部分改进的话，后面这些部分就只能在管理手段上改进，但是解决不了根本性的问题，即解决预算的系列性价值原则问题是未来改革的方向。

伏润民

经济学博士，云南财经大学原校长，教授，博士生导师，国家“万人计划”哲学社会科学领军人才、中宣部文化名家暨“四个一批”人才、国家“百千万人才工程”入选者并被授予“国家有突出贡献中青年专家”，全国高校黄大年式教师团队负责人，并获得“全国优秀社会科学普及专家”“云南省教育功勋奖”“云南省高等学校教学名师”等荣誉，国务院政府特殊津贴获得者。曾兼任云南省人民政府金融发展专家委员会委员、中国财政学会理事、云南省财政学会副会长、云南省审计学会副会长，应邀作为教育部哲学社会科学研究重大课题攻关项目和国家自然科学基金评审鉴定专家、《经济研究》审稿专家等。主要从事财政学研究与教学，在财政转移支付理论与制度实践、政府债务风险管理等领域取得突出创新成果，分别在《经济研究》《经济学（季刊）》《世界经济》《财贸经济》等国内外重要学术期刊上发表论文50余篇，出版专著或教材4部。主持教育部哲学社会科学研究重大课题攻关项目1项，国家自然科学基金4项（其中重点项目1项）及国务院、财政部等决策咨询课题30余项。

第五讲 国家治理下财政转移支付制度思考*

内容提要

本文围绕中国的财政转移支付制度展开，分为四个主要部分。首先，介绍了财政转移支付的概念和背景，并从国家治理视角分析了转移支付制度在国家治理中的作用和价值。其次，回顾了中国财政体制改革的历程，详细论述了统收统支阶段、财政包干阶段和分税制阶段转移支付制度的主要特征，重点分析了党的十八大以来财政转移支付的改革要求。随后，阐述了中国现行的财政转移支付制度体系，包括转移支付的调整与新增、一般性转移支付分配的均衡性等内容。最后，总结了当前中国财政转移支付存在的一些问题，指出中国财政转移支付制度在结构关系、制度体系、分配管理、目标定位、绩效管理、保障措施、实施效果等方面还存在改进空间，改革重点在于清晰划分政府间事权与支出责任的匹配、建立基于问责的绩效评价机制、完善转移支付制度的法律框架、改进一般性转移支付分配办法、重构科学高效专项转移支付管理体系。

* 这是伏润民教授2023年8月26日在国家预算治理大讲堂的演讲稿，根据录音整理，并经本人审阅。

一、国家治理与财政转移支付制度

国家治理与转移支付之间的关系，可以上溯到党的十八届三中全会。2013年，党的十八届三中全会通过了《中共中央关于全面深化改革若干重大问题的决定》（以下简称《决定》）。《决定》中指出："财政是国家治理的基础和重要支柱，科学的财税体制是优化资源配置、维护市场统一、促进社会公平、实现国家长治久安的制度保障。必须完善立法、明确事权、改革税制、稳定税负、透明预算、提高效率，建立现代财政制度，发挥中央和地方两个积极性。"在这一过程中，事权和支出责任相适应的制度是现代财政制度的一个重要内容。这项内容的最终目标是中央可以通过转移支付将部分事权的支出责任委托地方承担。通过这种转移支付制度，中央和地方的事权和责任变得更加清晰。下面，本文将对国家治理和财政转移支付这两个概念进行一些介绍。

（一）国家治理

党的十八届三中全会首次提出了"国家治理"这一概念，并强调"全面深化改革的总目标是完善和发展中国特色社会主义制度，推进国家治理体系和治理能力现代化。"国家治理是一个比较全面的范畴，高培勇教授曾将国家治理体系解释为一个全面覆盖经济、政治、文化、社会、生态文明和党的建设等所有领域的概念。这一过程强调政府、市场、公民乃至国际共同参与和协同治理，这既强调了政府公共职能，又重视了社会组织的作用，它们之间存在着一个相互配合、共同管理的理念和方式，这是国家治理的概念和目标。

（二）财政转移支付

由于转移支付是财政这一国家治理的重要支柱中的一个核心内容，转移支付制度因而显得异常重要。转移支付这一概念最早是由英国的经济学家庇古提出的，他当时认为国家经费包括消费性经费和转移经费这两个内涵。这一概念后来被联合国普遍使用，转移支付被定义为现金和实物所有权由一方向另一方的无偿转移。转移支付在财政学当中具有两种内涵：其一是政府对个人或企业的转移支付，一般被称作转移性支出；其二是政府间的转移支付，一般被称作财政转移支付。财政转移支付制度是财政体制的一个重要构成部分，总的来说，其内涵就是调节政府间的财政关系。此外，转移支付通常也可以大致被划分为两种类型，分别是有条件的转移支付和无条件的转移支付。

1. 有条件的转移支付——专项转移支付

有条件的转移支付在中国通常被称作专项转移支付，或专款、特殊转移支付、有选择性的转移支付等。这种有条件的转移支付是上级政府为实现其特定目标，对下级政府的一种无偿资金补偿。但是，它要求有一个比较明确的用途和使用范围，所以设定了一些条件，因此被称作有条件的转移支付。在中国，有条件的转移支付主要出现在以下三种情形中：其一是对于具有辖区外溢性的事权，中央需要委托地方来完成，中央以专项转移支付的形式承担全部的支出责任；其二是中央和地方共同事权，中央可以针对要达到的具体目标，以转移支付的形式支付部分支出责任，而地方则支出另外一部分相应的责任；其三是纯地方事权，中央政府为了实现其特殊目标（如平衡区域间发展等），通过专项转移支付、即有条件的转移支付的方式，让地方来完成，但地方同时也要承担相应的一些支出要求和责任。综上所述，它在国外被称作有条件的转移支付，在中国则叫作专项转移支付。

2. 无条件的转移支付——一般性转移支付

第二种财政转移支付是无条件转移支付，通常被称作一般性转移支付。这一项转移支付的最大特点就是不指定具体的资金使用用途，主要是实现政府间的一些目标。具体来说它分为四个目标要实现：第一是调节中央与地方政府间的纵向平衡。所谓的中央与地方政府间的纵向平衡，主要是根据事权的划分来进行财力的匹配；第二是促进地方政府之间的横向平衡，也就是我们所说的为了实现某种目标，地区之间的均衡发展，包括了公共服务供给的资金来源等实现地方间的平衡；第三是矫正外部性；第四是强化中央政府的宏观调控能力。

二、中国财政转移支付制度：历史变迁与政策信号

（一）统收统支阶段：1950—1979年

在1978年经济体制改革之前，各级政府之间实行的是高度集中的

财政管理体制，权力高度集中在中央政府手中，地方政府的财政权限十分有限，因而缺乏规范的转移支付制度。在这一阶段，政府间实行的“转移支付制度”的演进可以细分为两个时期。其一是1958年以前实行的转移支付制度。在该阶段，地方政府的财政收支都必须由中央政府来核算，并由中央对地方政府按照一定收入比例的分配资金空缺进行补助调节。其二是1958年以后的转移支付制度。在该阶段，中央政府开始逐步将部分财权下放到地方政府，地方政府的收支由地方自行支配。当出现财政资金缺口时，由中央财政给予补助，当出现财政富余时，则按比例进行上缴。

（二）财政包干阶段：1980—1993年

在这一阶段，中央政府为了调动地方政府经济建设的积极性，实行了中央政府与地方政府分级包干制。财政分级包干，是指地方政府根据自身财政支出的实际需要，计算出地方收入基数和收入能力两个财政指标，据此确定中央与地方财政收入的分配比重，地方政府可对本地区分配获得的财政资源自行预算和支配。

1980—1993年，中国转移支付制度进入了所谓的“过渡时期”，这段时期，中央对地方转移支付有所增长。虽然这一时期的分级包干体制在一定程度上促进了地方政府积极推动经济发展以增加财政收入，但是中央政府的宏观调控能力却因中央财政收入弹性不足而受到了削弱，各地方政府慢慢取得了对地方财政收入的一定控制权，而且在财政资金净流出的地方出现了比较强烈的地方保护倾向。

（三）分税制阶段：1994年至今

分税制改革之前，中央对地方的财政转移支付是“有名无实”，主要体现在资金补助上，如体制补助和专项补拨款等。直至分税制改革重塑了中央和地方之间的利益分配机制，财政部1995年制定《过渡期转移支付办法》，中国才真正有了转移支付的概念，初步建立了一般性转移支付框架。从发展线索来看，中国政府间转移支付历史沿革和发展变迁是随着中央政府与地方政府财政资源分配方式的改变而改变的，只要中央和地方收入权力发生变更，相应的转移支付制度也会发生改变。

综合来看，根据体系构成的不同以及重点任务的差距，可以将分税制改革至今的一般性转移支付制度划分为四个阶段，分别是：第一阶段，以过渡期转移支付为主的转移支付制度（1995—2001年）；第二阶段，财力性转移支付框架下的转移支付迅速扩张的转移支付制度（2002—2008年）；第三阶段，构建了较为完善的转移支付体系（2009—2017年）；第四阶段，不断强化共同财政事权的一般性转移支付制度（2018年至今）。

1.第一阶段：以过渡期转移支付为主的转移支付制度（1995—2001年）

为了调节纵向政府间财政不平衡问题，以及横向同级政府间财政差距问题，1995年开始设立中央对地方的“过渡期转移支付”，该项制度一直持续到2001年。

过渡期转移支付的特点有：第一，在不调整地方政府既得利益的前提下，中央政府用于调整地方之间利益格局的工具；第二，向经济落后地区以及民族地区倾斜资金；第三，分配采用客观因素法，并采用统一的公式来计算，以各地标准财政收支差额作为资金分配依据；第四，体现了公平和公正的原则，是具有均等化功能的转移支付。

1998年党中央明确提出逐步建立公共财政制度，这为中国的财政改革指明了方向。党的十七大进一步提出了围绕基本公共服务均等化和主体功能区建设，完善公共财政体系按照公共财政体制要求和实现基本公共服务均等化目标需要，转移支付制度进一步体现了均等化功能，转移支付制度结构不断调整和优化，其中税收返还比重逐渐下降，具有均等化功能的财力性转移支付比重大幅增加。

2.财力性转移支付框架下的转移支付迅速扩张的转移支付制度（2002—2008年）

2002年中央政府出台《关于2002年一般性转移支付》，将过渡期转移支付更名为一般性转移支付，功能定位为均等化政府间财力，以保障地方政府间基本公共服务均等化能力。

一般性转移支付的特点有：第一，遵循公平、公正、客观的原则；第二，资金分配采用因素法和客观公式计算，并建立一般性转移支付资金规模增长机制；第三，资金分配向中西部地区和老少边地区倾斜；第四，具有明显的均等化功能。

同时，中央又增加了多项具有均等化功能的专项转移支付，主要包括民族地区转移支付、调整工资转移支付、农村税费改革转移支付、县乡奖补转移支付和其他财力性转移支付，并将一般性转移支付和其他专项转移支付统称为“财力性转移支付”。

在该阶段，转移支付的内容大体上可以分为五类：原体制补助、税收返还、财力性转移支付、结算补助、专项转移支付。

3.构建了较为完善的转移支付体系（2009—2017年）

2009年开始的转移支付制度调整内容如下：第一，原有“财力性转移支付”调整为“一般性转移支付”；第二，原有“一般性转移支付”调整为“均衡性转移支付”；第三，将专项转移支付中的“一般性公共服务转移支付”“公共安全转移支付”“教育转移支付”等调整到“一般性转移支付”范畴。

从此，中央对地方的财政转移支付简化成了“一般性转移支付”“专项转移支付”和“税收返还”三种类型，政府间再分配关系得到进一步规范，中国初步建立起“以实现基本公共服务均等化目标为主，辅之以强化激励、重点扶持和促进转型目标的一般性转移支付体系”。该项制度更加强调逐步构建现代财政制度并实现和谐社会建设，重点给予地方政府更多分配权，增强转移支付适用性和灵活性。

4.不断强化共同财政事权的转移支付制度（2018年至今）

2018年，国务院印发了《基本公共服务领域中央与地方共同财政事权和支出责任划分改革方案》，明确提出一般性转移支付下设立共同财政事权分类分档转移支付，进一步强化了中央承担基本公共服务领域共同财政事权的支出责任，旨在建立“权责清晰、财力协调、标准合理、保障有力”的基本公共服务制度体系和保障机制。

一般性转移支付的大类项目中增加了一项“共同财政事权转移支付”，原有的专项转移支付中（以2018年为参照）有46项转移支付、共计资金31845.69亿元被划到共同财政事权转移支付，归入一般性转移支付项目中进行管理，这意味着中央和地方之间的财政事权和支出责任划分取得了新的重大进展。由于纳入财政共同事权事项可以分地区实行差异化管理，共同财政事权转移支付弥补了均衡性转移支付计算上的不足，更有利于基本公共服务均等化。

（四）中国财政转移支付制度的政策信号

1.党的十八大（2012年）以来

党的十八大提出，要“加快改革财税体制，健全中央和地方财力与事权相匹配的体制，完善促进基本公共服务均等化和主体功能区建设的公共财政体系，构建地方税体系，形成有利于结构优化、社会公平的税收制度。”

2012年底，全国财政工作会议中也提出，要健全财力与事权相匹配的财政体制，具体要求如下：第一，优化转移支付结构，提高一般性转移支付规模和比例，清理归并部分专项转移支付项目，加快形成统一规范透明的财政转移支付制度；第二，继续完善省以下的财政体制，均衡省以下的财力分配；第三，健全县级基本财力保障体制，进一步增强县级政府提供基本公共服务的保障能力。

2013年，党的十八届三中全会通过的《中共中央关于全面深化改革若干重大问题的决定》中提出：“财政是国家治理的基础和重要支柱，科学的财税体制是优化资源配置、维护市场统一、促进社会公平、实现国家长治久安的制度保障。必须完善立法、明确事权、改革税制、稳定税负、透明预算、提高效率，建立现代财政制度，发挥中央和地方两个积极性。”

2014年，《国务院关于深化预算管理制度改革的决定》对一般性转移支付和专项转移支付进行了调整。对于一般性转移支付，要求完善一般性转移支付增长机制，增加一般性转移支付的规模和比例，明显增加对革命老区、民族地区和贫困地区的转移支付。对于专项转移支付，要求对竞争性领域的专项转移支付逐一进行甄别排查，引入市场化运作模式来引导带动社会资本增加投入，对目标接近、资金投入方向类同、资金管理方式相近的专项转移支付予以整合，建立健全专项转移支付定期评估和退出机制，加快修订完善中央对地方的转移支付管理办法等。

2014年，《国务院关于改革和完善中央对地方转移支付制度的意见》中提出：围绕建立现代财政制度，以推进地区间基本公共服务均等化为主要目标，以一般性转移支付为主体，完善一般性转移支付增长机制，清理、整合、规范专项转移支付，加强转移支付管理，充分发挥中央和地方两个积极性，促进经济社会持续健康发展。

2016年，《国务院关于推进中央和地方财政事权和支出责任划分改革的指导意见》中提出：要科学合理划分中央与地方财政事权和支出责任，形成中央领导、合理授权、依法规范的财政事权和支出责任划分模式，落实基本公共服务提供责任，提高基本公共服务供给效率，促进各级政府更好履职尽责。

2.党的十九大（2017年）以来

党的十九大提出，要“加快建立现代财政制度，建立权责清晰、财力协调、区域均衡的中央和地方财政关系。”

2019年，党的十九届四中全会通过的《中共中央关于坚持和完善中国特色社会主义制度推进国家治理体系和治理能力现代化若干重大问题的决定》强调“健全充分发挥中央和地方两个积极性体制机制”，要求理顺中央和地方权责关系，加强中央宏观事务管理，维护国家法制统一、政令统一、市场统一。适当加强中央在知识产权保护、养老保险、跨区域生态环境保护等方面的事权，减少并规范中央和地方共同事权。赋予地方更多自主权，支持地方创造性开展工作。按照权责一致原则，规范垂直管理体制和地方分级管理体制。优化政府间事权和财权划分，建立权责清晰、财力协调、区域均衡的中央和地方财政关系，形成稳定的各级政府事权、支出责任和财力相适应的制度。构建从中央到地方权责清晰、运行顺畅、充满活力的工作体系。

3.党的二十大（2022年）以来

党的二十大提出，要“健全现代预算制度，优化税制结构，完善财政转移支付体系。”2022年，国务院办公厅印发的《关于进一步推进省以下财政体制改革工作的指导意见》强调进一步建立健全省以下转移支付制度体系，其中有以下四点值得注意：第一，厘清各类转移支付功能定位，建立健全省以下转移支付体系，根据财政事权属性，加大对财力薄弱地区的支持力度，健全转移支付定期评估机制；第二，优化转移支付结构，围绕“兜底线、促均衡、保重点”目标，调整省以下转移支付结构，优化横向、纵向财力格局，推动财力下沉，增强基层公共服务保障能力，推动落实中央重大决策部署；第三，科学分配各类转移支付资金，贯彻政府过紧日子的要求，坚持勤俭节约的原则，按照规范的管理办法，围绕政策目标主要采用因素法或项目法分配各类转移支付资金；第四，加强各类转移支付动态管理，严格各类转移支付设立条件和决策程序，健全转移支付定期评估和退出机制。根据省以下区域间均衡度等变化，及时调整完善各类转移支付资金分配办法。

三、中国现行的财政转移支付制度体系

（一）转移支付体系的体系框架

1.转移支付的调整与新增

中国的转移支付体系，在体系框架上经历了一次调整与新增的过程。具体而言，首先是调整，即在2019年对共同财政事权转移支付进行了调整，将专项转移支付的规模（超过3万亿元）整合到共同实现转移支付中，并纳入一般性转移支付的管理之下。其次是新增，即在2020年引入了特殊转移支付，这一决策的必要性源于当时地方为实现脱贫攻坚、解决遗留问题以及应对疫情等特殊情况的需要。特殊转移支付与一般性转移支付、专项转移支付并列存在，但它仅是一次性的、短期内的财政安排，并不作为长期持续的财力补助，也不被纳入体制

性的补助之列。这意味着某些年份或许会有此项补助，但在接下来的年份可能会停止。并且，这一特定转移支付或许只在某一地区实施，而在另一地区则未执行。总体而言，特殊转移支付的突出特点是其作为重点资金的下达方式。另一个显著的特征是，除了它是一次性的财政补助之外，其资金也是直接下达到最低层级的，即直接使用的环节，这被称为财政直达资金，与一般性转移支付相比，它不涉及中间环节，其资金影响更为直接。

2.现行财政转移支付体系的构成

中国目前的转移支付制度实际上由一般性转移支付、专项转移支付和特殊转移支付这三者构成。一般性转移支付和专项转移支付涵盖了多方面的具体内容，而特殊转移支付则是根据中央和国家面临的一些特殊需求进行的安排，这一时期的改革在很大程度上进一步明确了一般性转移支付、特殊转移支付和专项转移支付的定位。总体来看，预计到2023年，中央对地方的转移支付规模在10万亿元左右，较2022年增长了3.6%。其中，一般性转移支付达到了87000多亿元，占据最大的份额。专项转移支付则达到了8000多亿元。此外，还有一项专门用于支持基层实施减税降费的重点民生支出，额度为5000亿元。

（二）一般性转移支付分配：以均衡性转移支付为例

接下来，让我们把目光转移到一般性转移支付制度的目标上，通过中央对地方的均衡性转移支付来探讨其运行决策过程。均衡性转移支付制度在一般性转移支付中占据重要地位，它规模庞大、目标明确，主要是为了通过上级政府向下级政府提供财力性的均衡补助，具体核定的标准收入与标准支出的差距则依据地区间的人口、资源、贫富等多种因素客观确定。均衡性转移支付起源于1995年的过渡期转移支付，2002年更名为一般性转移支付，2009年再次更名为均衡性转移支付。随着时间推移，转移支付的内容逐渐扩大。根据2022年财政部印发的《中央对地方均衡性转移支付办法》，在分配过程中需要满足三个条件：第一，存在标准收支差的情况才能进行分配。第二，在扩大均衡性转移支付的过程中，中央遵循逐步实现转移支付目标和公共服务均等化目标的原则。由于这些目标不是一次性完成的，计算出的差额较大，因此存在预算约束，即控制线，由财力来决定预算约束系数。第三，分配过程主要倾斜于贫困地区，计算办法依据标准财政收入的因素和标准支出的因素来考虑。标准财政收入涉及税基和税率问题，其中税率是全国平均有效税率。税基则取决于工业生产总值的增加值。支出方面相对较为复杂，考虑了人口规模、人口密度、海拔高度、温度、少数民族等因素。在支出过程中还需要考虑成本的差异，不同地区的成本存在差异，例如在平原地区建设一条高速公路的成本低于在高原和山区。因此，计算出某地区应享受的转移支付的公式为该地区的经常性转移支付等于标准财政支出减去标准收入，再乘以地区间的转移支付系数，再加上转移支付增幅的控制调整，即增长不能超过一定范围，低于一定水平需要调整。此外，还存在一种奖励办法，即转移支付均等化的奖励机制。这个过程相对较为复杂，需要对公式进行大量的调整，以保证其符合实际情况，同时要与前几年执行的一些内容进行有效衔接。

（三）专项转移支付的分配

中央对地方的专项转移支付指的是中央政府为实现特定经济社会发展目标而无偿提供的一种支付，其目标十分明确，由中央政府负责统一使用这些资金。2015年12月30日，财政部以财预〔2015〕230号印发《中央对地方专项转移支付管理办法》。该办法分总则，设立和调整，预算编制，资金申报、审核和分配，资金下达、拨付和使用，预算绩效管理，监督检查和责任追究等。以下是专项转移支付的分配过程。

1.专项转移支付的甄别

在进行专项转移支付的安排时，首先需要确定是否符合专项转移支付的条件。由于过去的专项转移支付内容存在许多重复，与一般性公共服务和一般性转移支付的内容相似，因此进行了相应的调整。专项转移支付的判定涉及委托类、共担类、引导类、救济类和应急类等多个过程。由于随着经济社会的发展、突发事件的出现，以及中央对特定时期发展和国家战略问题的关注，专项转移支付具有较大的变化性。

2.专项转移支付的分配

不同于一般性转移支付，专项转移支付不仅不能使用一些常规和可采集的因素来计算，而且需要采用因素法和项目法进行分配。有些地方可以直接通过项目法申报获得资金支持，但在考虑项目批准的数量和额度时，还需要考虑其他因素，如各地区的平衡发展问题。因此，在分配过程中需要考虑各种因素和权重，以及相对平衡的要求。专项转移支付的范围不包括一些涉及国家的重大工程、跨区域项目和一些战略性外部性问题的特定重大项目。

3. 专项转移支付的管理

专项转移支付的管理过程包括以下步骤：首先，需要解决预算管理问题，这强调全过程的预算管理，主要涉及目标绩效管理和绩效控制、逐步建立绩效工作评价等问责机制。其次，专项转移支付还需要进行审计工作来实现监督与保障，包括建立问责机制，甚至一些法律法规也涉及这些方面的内容。

四、中国财政转移支付当前存在的问题及主要改革重点

（一）现存的问题

目前，中国的财政转移支付制度存在以下几个问题。

第一，一般性和专项转移支付的界定不清晰。一般性转移支付和专项转移支付的界限在发展、完善和甄别过程中仍不明确。一般性转移支付项目中的规定，有些规定了具体用途，导致其具有专项性质，使地方政府难以统筹资源。另外，专项转移支付虽然是财力性的补助，但也存在一些不符合专项条件的情况，纳入了一般性转移支付，造成不清晰的状况。例如，财政部下达给云南鲁甸地震灾后重建的10亿元被列为一般性转移支付，但指定了具体用途，导致地方财政难以具体安排。

第二，从体系内部来看，专项转移支付种类繁多但缺乏统一协调、覆盖面广且相互交叉重叠。一些专项转移支付原本是为特定时期的要求设立的，但由于历史原因一直被保留，导致交叉重叠明显。例如，财政部和国家发改委在管理的专项转移支付中设立了相似的专项，导致资金分配交叉重叠。在地方政府层面，有些县市同样项目的申请可以从不同渠道获得专项转移支付，存在体系内的问题。

第三，分配管理方式多样但不透明、配置不科学且零星分散。专项转移支付的目标是为了实现特定的经济社会发展目标，但由于条块分割，存在零星分散的情况。例如，2014年昭通市专项转移支付1032个项目中，金额在10万元以上的项目只占14.1%，而10万元以下的项目占比为0.05%，存在零星分散的问题。专项转移支付的下达过程也被形象地描述为“撒胡椒面”。

第四，目标多元但重点不突出、功能不清晰且存在越位与缺位的现象。例如，2016年中央下达云南省的324个专项转移支付项目中，没有明确执行时间的项目占93%，其中294个为长期项目，10个为不确定项目。这导致地方政府对项目执行的时间和效果难以管理，存在越位和缺位的问题。

第五，在绩效管理方面，初步建立了机制但效率不高，难以考核且缺乏反馈运用。在云南省的调研中发现，绩效评价结果与转移支付之间没有联系，评价结果无法进行处罚。这使得专项转移支付的管理效率不高，存在使用上的问题。例如，在“2014年林业贷款贴息资金”专项转移支付中，2013年被安排到玲珑县的补贴有500多万元，但到

2014年9月，部分资金因项目未出而用不出去、留有剩余。

第六，保障措施不健全，建立了制度但缺乏监督制衡，机制不完善且约束薄弱。例如，《2016年中央执行审计报告》指出部分专项转移支付项目没有相关管理办法或规定，实施过程中存在不严格的情况。有的项目出现超范围、超标准的问题，实施效果不尽如人意。另外，刚性支付的支出保障不足，导致地方政府普遍存在挪用专款的现象。这些问题不仅影响了基层政府的管理效率，也在一系列环节上都呈现出突出的困难。

（二）主要改革重点

最后，探讨一下中国目前财政转移支付的主要改革重点。对于转移支付制度，我对其给予了充分的肯定，认为它在中国经济社会发展特别是社会稳定方面发挥了极其重要的作用。从理论上来看，转移支付制度的出现主要源于市场失灵的观点，认为政府应该通过转移支付来履行一些本应由市场完成的职能。在中国，转移支付制度是财政制度的重要组成部分，在国家治理过程中发挥着关键作用，尤其在调节经济、平衡地方财力和促进均衡发展等方面。然而，在转移支付制度改革过程中，我们也面临着一些问题，这些是改革的重点。

1.清晰划分政府间事权与支出责任的匹配

事权的清晰划分、政府间的事权划分模式与支出责任的匹配是一个核心问题。尽管在分税制改革以及过去的几年中强调了支出责任，但很多学者认为事权仍然不够清晰。因此，在财政改革中，我们需要明确政府职能和市场关系，确定好政府的职能和目标，进而科学地配置资源。

2. 建立基于问责的绩效评价机制

第二个问题是关于转移支付制度的监督机制。建立问责机制是一个良好的方法，但我们需要确保其适用于所有层面。特别是在均衡性转移支付中，如何确定分配原则以及确保问责机制的有效性都是需要认真思考的问题。此外，要关注绩效导向和政府间转移支付的退出机制，以确保转移支付的资金使用符合预期目标。

3. 完善转移支付制度的法律框架

第三个问题涉及完善转移支付制度的法律框架。在这方面，公平性原则和导向性原则的确立是法律依据的重要组成部分。虽然目前中国尚未建立专门的转移支付法律法规，但未来的改革方向可能需要考虑在何种条件下对特定行为进行处罚，构建合适的法律框架。

4. 改进一般性转移支付分配办法

第四个问题涉及一般性转移支付分配办法的改进完善。以均衡性转移支付为例，虽然其计算较为科学，但在过程中仍存在改进的空间。例如，在标准收入的计算中引入税收强度系数，以更好地反映各地区的财力状况。此外，考虑一些综合调整系数，如公共财政支出成本差异系数，有助于更精确地测算支出成本差异。

5. 重构科学高效的专项转移支付体系

在专项转移支付方面，我认为需要从三个方面进行改革。首先是专项转移支付的甄别问题，需要更好地确定其资金配置和管理机制。

其次，各部委的职能定位与资源配置应该成为专项转移支付改革的一个重要问题。各部委之间存在的资源配置权和职能定位之间的关系需要得到妥善解决，以确保专项转移支付的科学性和效力。最后，要关注转移支付资金在各级政府之间的使用问题，特别是在欠发达地区，需要解决政府轮替和行为偏好对资金使用的影响。

互动环节

◎ 提问一：

目前主要的转移支付是政府间的转移支付，然而现在学术界以及公共政策评论的一些观点认为，转移支付制度的设计可以选择直接将资金转移到个人或家庭的模式，如何看待这个问题？

◎ 回答：

我认为这个问题相对来说是比较清晰的，不存在特殊观点。将资金直接转移到家庭是一种转移性支出，应该被纳入国民收入分配的范畴。在国民收入分配体系和政府的职能中，尽管有时涉及了这一方面的资金下达，但实际上涉及的是增加个人特定人群的一部分可支配收入。然而，我强调政府的责任是提供基本的公共服务，而不是直接将资金转移到个人。我指出公共服务是为全体公民而设，而非特定个人。因此，我提倡基本公共服务的均等化，以缩小服务差距，而不是将其转化为个人收入。

在讨论转移性支出和转移支付之间的区别时，我解释了两者的不同政策目标。转移性支出主要解决个人可支配收入的调整问题，而转移支付的主要目标是平衡地方的财力，使政府能够提供整个社会市场无法解决的公共服务。

最后，我强调转移支付不能简单地延伸到直接将资金转移到个人，因为这涉及两者不同的政策目标和服务范畴。

◎ **提问二：**

转移支付的规模在未来会越来越大吗？转移支付规模过大是否会影响社会的公平性呢？

◎ **回答：**

关于转移支付规模的问题，我认为其大小在很大程度上取决于区域间的平衡水平，这可以视为一个基数。其次，规模的确定还取决于政府对财力平衡后提供基本公共服务或履行职责的判断，这与我国提倡的共同富裕理念有关。共同富裕的实现需要我们做强做大整体经济蛋糕，因此，规模的重要性不可忽视。同时，规模的确定还会受到中产阶级和中等收入阶层的期望，在不同经济社会条件下的容忍度，以及政府对最低容忍线的判断等多方面因素的影响。

在我看来，转移支付的规模可以很大，也可能随着区域发展的相对平衡逐渐减少。专项转移支付则会根据特定区域内特定项目的发展状况来确定。在经济极不平衡的情况下，中央政府可能会强力支持一些必要的项目，并需要通过政策来解决相关问题。

至于转移支付规模增大是否会影响社会的公平性，我认为这个问题的提法可能需要反向思考。转移支付的出现实际上解决了发达地区将贡献转移到欠发达地区的问题，有助于纠正不公平。然而，我们也需要警惕道德风险。通过转移支付解决整个社会进程发展中的不公平问题，具有很强的公平性和正义性。

最终，我认为社会的发展并非是孤立的，各地区之间的关系非常密切。在我国，转移支付的规模综合考虑了这种相互联系的公平性。国家治理的制度设计和政府的执政理念对规模的决定以及对社会公平公正与正义的关切都至关重要。我们需要平衡均衡，防范道德风险，并在制度设计中综合考虑多方面因素，而不仅仅是规模的问题。

李建发

经济学（会计学）博士，会计学教授、博士生导师，享受国务院政府特殊津贴专家，“全国杰出会计工作者”、财政部首批“会计名家”，中宣部“四个一批”文化名家、国家“万人计划”哲学社会科学领军人才。曾任厦门大学党委常务副书记、管理学院院长，江西省赣州市委常委、副市长（组织部选派挂职）；先后任国务院学位委员会工商管理学科评议组成员，中国会计学会副会长兼政府及非营利组织会计专业委员会主任委员，中国金融会计学会副会长，中国教育会计学会副会长，教育部工商管理教指委委员、会计专业教指委副主任委员，财政部会计标准战略委员会委员，福建省社科联副主席，《会计研究》编委会副主任等。主要研究领域为财务会计理论、公共财务与政府会计、政府审计等，在公共财务与政府会计领域研究居国内引领地位，先后承担国家社科基金重大和重点项目、国家自科基金面上项目、教育部博士点基金及重点文科基地重大项目、中央有关部委委托项目等30余项，在《管理世界》《会计研究》《财政研究》《审计研究》等刊物发表学术论文80余篇，出版专著、译著及教材20余部。

第六讲 我国政府会计改革与国家预算治理*

——从预算会计到政府会计

内容提要

党的十八届三中全会作出推进国家治理体系和治理能力现代化的战略部署，将财政定位为“国家治理的基础和重要支柱”，要求建立现代财政制度。预算制度作为现代财政制度的核心，以新《预算法》的颁布实施为起点，在理顺预算体制、完善预算体系、规范预算编制、强化预算执行、推行预算公开和推动绩效管理等方面取得明显成效。以党的十八届三中全会作出的“建立权责发生制政府综合财务报告制度”决定为指引，我国全面启动了政府会计改革，尤其是2019年全面实施新的政府会计准则制度，政府会计进入了新时代。这将有助于现代财政制度、预算制度建设，推进国家预算治理。政府会计改革，既可以为预算治理提供全面系统完整的信息，也能够发挥政府会计的治理功能。

* 这是李建发教授2023年9月24日在国家预算治理大讲堂的演讲稿，根据录音整理，并经本人审阅。

一、预算与会计

预算与会计是紧密联系在一起的，预算是面向未来的，主要是对未来的预算收支进行预计和规划；会计则主要面向过去，对预算收支过程及结果进行核算和报告。因为预算编制是否科学合理、执行是否严格规范、执行结果与预算是否吻合，会计均可以全面完整、客观真实地予以记录和报告。

新中国成立后我国就着手编制1950年全国财政收支概算，1951年8月政务院发布的《预算决算暂行条例》中规定，国家预算每一会计年度办理一次，按年度预算执行最终结果所编造全年度的会计报告称作决算报告。为了配合预算编制执行、加强预算管理，政务院在1950年12月就颁布了《各级人民政府暂行总预算会计制度》和《各级人民政府暂行单位预算会计制度》，确立了我国预算会计制度和预算会计核算体系。该制度明确了预算会计的定位，即预算会计是为预算管理服务的专业会计，是预算管理的工具。这是当时预算会计制度和核算体系形成和建立的基本背景。

财政界通常这样说：财政为庶政之母，预算乃邦国之基。会计界还会补上这么一句：会计是治理之要。因为古代没有国家预算，但有官厅会计，而且创建了“司会”制度和“四柱清册”“合龙门”等会计核算和稽核方法，不论历朝历代政权如何更迭，在没有国家预算的情况下官厅会计就充当着重要的财政治理工具，所以谈财政预算治理就离不开会计。我国已故著名会计审计学家、中南财经政法大学杨时展教授有句名言，“天下未乱计先乱，天下欲治计乃治”。这个“计”包含了会计和审计。

通常，预算治理有三道防线：预算、会计和审计。预算是第一道防线，它根据党和国家的大政方针和经济社会发展需要确定预算目标，安排财政资金；会计则是第二道防线，即预算将资金安排之后，预算的执行过程和结果就需要通过会计来进行全面记录和报告；第三道防线就是审计，即对预算执行和资金使用的合法性、合规性和效益性进行审计监督，分析评价预算目标的实现程度。预算编制、预算调整和决算需要会计为其提供基本信息，审计的主要依据也来源于会计核算资料，所以会计在预算治理体系中具有承前启后、承上启下的重要作用。没有一个完整的政府会计体系，财政预算治理就没有可靠的基础和客观的依据，审计监督也将无法实施。新中国成立以来，我国虽然建立了预算会计体系，也随着经济体制、财政预算管理体制的改革而不断完善，但由于缺乏科学规范的政府会计体系，并无法为政府财政预算管理、行政事业单位财务管理提供必要的会计信息，使我国财政预算管理和财务管理等存在一些比较突出的问题。比如：

（一）政府资产债务核算不全面、数据不准确，导致政府家底不清、财务状况不明

我国国有资产规模庞大，而预算会计尤其是财政总预算会计并不

核算长期资产，致使行政事业性国有资产核算内容不全面，数据不准确。根据2021年国务院向全国人大常委会报告资产情况显示，2021年末全国行政事业性国有资产总额为54万亿元，而根据中国人民银行发布的2021年末全国银行存款余额构成中，机关团体存款加上财政性存款余额共36万亿元。也就是说，扣除36万亿元货币资金后，全国非货币的行政事业性国有资产仅有18万亿元，这既包括新中国成立以来各级财政预算安排资金和行政事业单位使用自有资金构建的各类固定资产以及公共基础设施资产等，也包括继承的大量历史文物和文化资产，但这些资产中的大部分公共基础设施和历史文物文化资产并不在预算会计核算之列，使行政事业性国有资产被大大低估。所以，全国人大常委会在审议审计报告、国有资产报告时，就有代表呼吁要重视国有资产会计信息失真的问题。同样，政府负债也未完全列入财政总预算会计核算，尤其是地方政府通过融资平台多头举债、违规举债形成的债务，基本上不在财政总预算会计中核算，所以就无法掌握确切的政府债务规模，致使地方政府债务风险越来越凸显。财政部预算司公布的数据显示，截至2021年末，纳入规范管理的地方政府一般债务和专项债务余额就已突破了30万亿元，但这只是地方政府庞大债务中的显性直接债务部分。

（二）行政事业活动成本高，公共资金资源浪费严重

我国原有的预算会计只核算预算支出，并不核算成本费用，所以至今尚未建立政府成本会计对政府成本开展核算。近年来，财政部虽

然制定了事业单位成本核算指引和医院、高校及科研事业单位成本核算具体指引，但除了医院外基本上尚未真正实施，所以行政事业成本是高还是低至今仍然是个未知数。曾经有学者概括了我国行政成本浪费体现在8个方面：公款吃喝、公务用车、公费旅游、冗员严重导致效率低、建豪华办公楼、政绩工程、会议浪费、水电能源浪费等。由于没有开展成本核算，无法提供公共资金资源耗费情况的信息，政府和行政事业单位管理层、决策者也就无从进行成本费用管理控制。

（三）缺乏规范的信息披露机制，财政透明度低

由于我国政府会计体系缺失，未能编制政府财务报告来全面反映政府的财政状况和财务状况，加上缺乏规范的信息披露机制，导致财政透明度比较低，尤其是地方政府的财政透明度极低。

以上问题都与政府会计体系不健全、核算内容不完整有着直接的关系。为改变这种状况，党的十八大以来，党中央采取了一系列加强财政、财务治理的措施，力图从根本上解决上述问题。这些措施的实施对政府会计产生了巨大需求。比如：

（1）中央八项规定。2012年12月4日，中共中央政治局召开会议，审议通过了《中央政治局关于改进工作作风、密切联系群众的规定》，即中央八项规定。该规定的提出主要是针对党的十八大之前官僚主义盛行、严重脱离群众，党政机关和各级官员普遍存在公款吃喝、公车私用、公费旅游导致“三公经费”巨额支出等而立的规矩。早在2006年3月，国家行政学院竹立家教授就在《学习时报》以“政府管

理改革的几个切入点”为题发文披露，2004年全国“三公经费”支出达到惊人的9000亿元，约占当年全国财政收入的30%，引起社会的强烈反响。党中央有针对性地出台八项规定，要求精简公务活动，严控公务活动成本，就是要坚决遏制住这种乱象。这不仅需要严格预算管理、严肃财经纪律、严控不必要支出，更需要政府会计对公务活动的资金资源耗费情况予以准确核算、客观反映，从而对政府会计产生重大需求。

（2）《党政机关厉行节约反对浪费条例》。针对政府行政成本浪费、公共资源使用效率不高等问题，2013年，中共中央、国务院发布了《党政机关厉行节约反对浪费条例》（以下简称《条例》）。该《条例》的核心内容是通过科学设定各种支出标准，严格控制行政支出，实施绩效考评，督促各级党政机关厉行节约，坚决反对铺张浪费现象。《条例》第九条还明确提出，要“推进政府会计改革，进一步健全会计制度，准确核算机关运行的经费，全面反映行政成本”。这就要求政府会计不能只核算预算支出，还要开展成本核算，才能准确核算机关运行经费，全面反映行政成本。

（3）《预算法》修订实施。新修订的《预算法》主要用来规范预算管理工作，不仅要求预算要全面规范、公开透明，切实把权力关进预算制度笼子，而且要求所有公共资金纳入“四本预算”并全面开展会计核算。《预算法》第九十七条还明确要求各级政府财政部门应当编制权责发生制政府综合财务报告，报同级人大常委会备案。这就要求我国必须通过改革预算会计、建立政府会计，才有可能编制出政府综合财务报告。

（4）《关于全面实施预算绩效管理的意见》。2018年，中共中央、国务院颁布《关于全面实施预算绩效管理的意见》（以下简称《意见》），这是我国政府治理方式的一次重大变革。该《意见》明确提出要突出绩效导向，强化成本效益，硬化责任约束，用三到五年的时间建立全方位全过程全覆盖的预算绩效管理体系。绩效管理、绩效评价的核心是进行投入产出分析、成本效益比较，原有的预算会计只核算预算支出，而不核算成本费用，这就很难为预算绩效管理、绩效考核评价提供必要的成本费用信息支撑。虽然各级政府都在开展预算绩效管理改革，但由于缺乏政府会计提供成本核算信息作支撑，改革成效并不理想，绩效管理效果并不好。该《意见》颁布实施至今已达到了上限年限的规定，但到目前为止，政府成本核算还没有真正建立起来，所以很难比较出预算的绩效。这也表明，加强财政预算管理对政府会计有巨大的需求。

（5）强化国有资产管理与报告。2017年12月，中共中央制定《关于建立国务院向全国人大常委会报告国有资产管理情况报告制度的意见》，要求国务院每年向全国人大常委会提交国有资产管理情况的综合报告和专项报告。强化国有资产管理情况报告制度也对政府会计提出了相应的要求，因为原有的预算会计尤其是财政总预算会计并没有对政府的资产负债进行全面系统完整的核算，就无法为国务院编制国有资产管理情况综合报告和行政事业性国有资产专项报告提供全面完整的核算资料，这是导致国有资产会计信息失真的根源所在。

（6）财会监督纳入党和国家监督体系。2019年，习近平总书记在十九届中央纪委四次全会上的重要讲话，首次提出把财会监督纳入党和国家治理体系。2023年年初，中办国办印发了《关于进一步加强财会监督的意见》，该意见对发挥财会监督在党和国家治理体系中的重要作用十分关键。财政预算最直接的监督是审计监督，但审计监督有一个缺陷，它属于事后监督。而财会监督则是在事前、事中就进行了监督，这就可以防范各种各样违规违纪问题的发生，确保国有资产安全、公共资金资源不被浪费。如果财会监督没有一个系统科学完整的政府会计体系作支撑，就很难履行好监督职责，这也进一步说明了我国原有的预算会计迫切需要改革。

二、预算治理可能存在的一些问题——基于会计视角

从原来实施的财政总预算会计角度来看，目前预算治理可能存在一些比较突出的问题。比如：

（一）预算决算与会计分离问题

我国最初确立预算会计体系时，对预算会计的定位非常明确，即为预算管理服务、作为预算管理的工具。但从具体的预算管理实践来看，预算、决算与会计是分离的，导致预算会计难以服务预算管理，预算管理工具的作用也发挥不充分，这是一个比较明显的问题。首先，预算会计虽然对预算收支进行了核算，但预算编制并不依据预算会计

核算提供的数据资料。第二，预算执行方面，财政总预算会计是按照财政向预算部门或单位拨款来确认预算支出的，而不是按照实际发生资金耗费来确认预算支出，这是明显的“以拨代支”问题，也导致大量的财政资金沉淀在政府部门和预算单位。第三，决算也仅根据预算执行结果编制，并不是以预算会计核算的结果来编制。

（二）四本预算各自运行管理，缺乏统筹

目前，“四本预算”基本上是各自运行管理，缺乏统筹，主要原因在于没有编制政府综合财务报告，无法全面反映各级政府的公共资金存量。我们知道，政府综合财务报告需要把所有的公共资金、公共资源都汇总合并到政府综合财务报告当中，才能非常清晰地反映各级政府四本预算的资金收支及结余情况。如果没有编制政府综合财务报告，就很难对“四本预算”的资金资源进行非常有效的统筹。

（三）资金预算而非资源预算

我国当前的预算只是资金预算，而不是资源预算，而且采用的是收付实现制基础编制的，它不考虑各预算部门和单位的资产资源占有情况，也不考虑债务负担情况。我们知道，会计在确认收入和支出时有收付实现制和权责发生制两种不同的基础，而且差异非常大。比如，地方各级政府土地出让金，按照收付实现制基础，只要收到地价款（进入国库），就全额确认为当期收入。但如果按照权责发生制基础，收到的地价款则不能全部确认为当期收入，因为土地是国有的，出让

的只是土地使用权，按规定商业用地和住宅用地的使用权分别为50年和70年，那么按照权责对应的原则，每年只能确认1/50或1/70为当年收入，其余的应当确认为一项递延收入。再比如地方政府举债，按照收付实现制预算和预算会计，举债收到款项时确认为债务收入，但如果按照权责发生制基础，则应当确认为负债而不是确认为收入，这个差距就大了。收付实现制基础客观上给地方政府提供了“创造”收入的工具，使地方政府热衷于卖地并形成过分依赖土地的“土地财政”；地卖不动了，就多头举债、违规举债，造成地方政府债务累累、财政风险骤增。近年来，有的地方政府甚至开始将景区及公共特许经营权拍卖，有报道称，四川乐山大佛景区一次性将30年的经营权出让了17亿元，并确认为当年收入，那么将来的29年财政不仅将颗粒无收，而且还要安排一定的资金进行景区维护，这是典型的“寅吃卯粮”的做法。如果按照规范的权责发生制会计基础，则需要按照特许经营期限分期确认收入。再比如长期资产购建，在预算和预算会计中确认为支出，但按照权责发生制基础并不确认为支出，而是确认为一项长期资产（固定资产），此后根据资产使用损耗情况通过折旧摊销等方法确认为费用，再计入运行成本，进而可以非常准确地核算政府运行成本耗费情况。可见，资金预算与资源预算有很大的差别。

（四）预算不精细不精准，预算与执行差异大

一方面，预算编制过于粗糙，大多只编到“类、款、项”，并没有对“目”及细目的支出进行精细精准预算，且主要依据上年度预算执

行数再适当考虑预算年度的变动因素，而预算执行时由于编制不精细精准，很难进行有效的管控。另一方面，预算是预计的，经济社会运行过程错综复杂，客观上也会造成预算与实际执行结果存在一定差异，但一些地方、部门和单位片面追求预算执行，将预算执行进度作为考核指标，实际上人为地让预算部门单位突击花钱，或在入不敷出时预收下年度税款予以掩盖，这就不实事求是了。

（五）预算支出定额缺乏客观依据

定额是支出预算编制的重要基础，一般应根据符合制度规定、经过会计严密核算的实际资金资源耗费情况予以额定才是科学的，但目前大部分定额标准并不是依据会计核算的成本费用数据来制定。

（六）绩效评价缺乏科学依据

如前所述，绩效需要通过比较投入产出、分析成本效益才能体现客观真实的“绩”和“效”。在财政部发布的《项目支出绩效评价管理办法》中，虽然也有成本指标、产出指标、效益（经济效益、社会效益、生态效益）指标等，但其中的“成本”基本上属于统计成本范畴，而不是实际发生资金资源耗费经过会计规范核算出来的真实成本（会计成本）。这从宏观角度评价绩效也许是可行的，但是政府的项目基本上都落到部门和单位，如果按照一个宏观而宽泛的统计成本作为项目支出绩效评价的成本指标，就缺乏科学性了。而且该办法对项目支出绩效评价的依据来源当中并没有将“会计核算资料”作为绩效评价的依据。

（七）产权意识和责任意识缺失

政府产权意识和责任意识普遍比较淡薄，加上以收付实现制作为预算基础，导致有的地方政府官员为了所谓的经济增长只管举债而不管还债、只重视投资而不问及产权归属、只顾任上多卖地而不顾及后任和后代。在缺乏科学规范的政府会计体系确认产权、界定责任的情况下，这就成为预算治理的难题。

预算治理存在的上述问题大都源于预算会计体系不完整，难以为预算治理提供必要的财务信息、会计信息。个人认为，原有的预算会计存在以下一些突出问题：

（1）会计定位不合理。将预算会计定位为“为预算管理”“预算管理工具”，这本身倒没有太大问题，但问题出在按此定位建立的预算会计核算体系出现了偏离，尤其是财政总预算会计。财政总预算会计一般只核算预算收入、预算支出、预算结余以及与上级往来、与下级往来等短期的债权债务，至于影响预算编制和执行的大量政府资产负债尤其是长期资产、长期负债并未纳入财政总预算会计的核算范围。而且，预算编制、决算报告编制并不依据财政总预算会计提供的核算资料。

（2）会计职能作用发挥不充分。会计有反映和监督两个基本职能，随着经济社会发展和管理过程日益复杂，又衍生出分析评价、预测、决策等职能。预算会计的“反映”职能发挥较好，但监督职能发挥得并不充分，更不要说分析评价、预测、决策职能的发挥了。

（3）核算基础不科学。前面提到，会计核算有权责发生制和收付实现制两种基础，预算会计主要采用收付实现制作为核算基础。相对于收付实现制，权责发生制核算基础更科学，它依据权责关系确认各个会计期间（预算年度）的收入和支出（费用），能够更好地界定产权和各会计期间甚至各任政府的责任。

（4）核算范围窄、核算内容不完整。预算会计尤其是财政总预算会计以预算资金运动为核算对象，这就限制了预算会计只核算预算收入、预算支出以及与预算相关的上下级往来等经济业务，核算范围极其狭窄，核算内容极不完整。

（5）核算结果未能形成系统化财务信息。预算会计体系由财政总预算会计、行政单位会计、事业单位会计（以及参与预算执行的国库会计和税收会计）组成，其中财政总预算会计并不核算长期资产、长期负债，单位预算会计规章制度不统一，所以没办法编制类似企业的合并财务报告，其核算结果就难以形成系统化的财务信息。

（6）核算信息未能在公共管理领域有效应用。由于预算会计核算范围窄、核算内容不完整，无法全面完整真实地反映政府财务状况和资金资源耗费情况，所以就难以在公共管理尤其是财政预算管理中得到有效应用，也无法帮助政府改善公共管理、提高公共资金使用绩效。

2014年国务院批准财政部《关于权责发生制政府综合财务报告制度改革方案》，财政部有关负责人在答记者问时也提到，由于我国目前仅有反映年度预算执行情况和结果的现金制预算会计和决算报告，尚无应计制的政府会计和政府财务报告，存在三个方面突出的问题。

①只核算预算收支不核算资产负债，无法完整清晰反映政府资产、全面准确反映政府负债，不利于强化政府资产管理、增强政府公共服务能力，也难以为有效防范财政风险、促进财政长期可持续发展提供可靠的信息支撑；②只核算预算支出不核算成本费用，无法科学合理反映政府运行成本耗费等情况，不能为预算支出定额标准提供依据，不利于政府成本费用管控和科学评价运营绩效；③缺乏统一、规范的政府会计标准体系和政府财务报告体系，无法推进政府财务信息公开。

由于预算会计定位不清、核算基础不科学、核算范围窄、核算内容不完整，无法形成系统化的财务信息，很难为财政预算治理提供信息支撑，这是预算治理存在问题的一个重要方面，需要对预算会计进行改革。

三、预算会计改革方向：建立科学规范的政府会计

我国预算会计改革之前，只有预算会计和决算报告，没有政府会计和政府财务报告，政府也不像企业那样将会计细分为财务会计、成本会计、管理会计。要夯实预算治理的会计基础，就必须对预算会计进行改革，将预算会计改为政府会计，构建科学规范的政府会计体系。

（一）改革开放以来政府会计改革的漫长探索历程

改革开放以来，政府主管部门、学术界和实务界就一直在探索如何改革预算会计、建立政府会计的问题。比如：

1982年学术界就引入了“政府会计”概念。湖北财经学院（现中南财经政法大学）刘炳炎教授1982年在《会计研究》发表的题为《会计专业课程改革问题》的文章认为，政府会计叫预算会计不合理，因为预算并没有纳入会计核算体系，建议把“预算会计”改为“政府会计”。但没有引起政府主管部门和学术界的重视和关注。

1994年财政部在哈尔滨召开“政府会计和国库管理国际研讨会”，官方开始关注政府会计。1994年正值我国由有计划商品经济体制向市场经济体制转变的关键时期，政府财政预算管理、国库管理和预算会计也面临着改革问题。而研讨会冠以“政府会计”意味着官方开始关注政府会计改革问题。遗憾的是，1995年启动的预算会计改革并未朝着政府会计方向去改革，而是重构预算会计体系——将原来的《行政事业单位会计制度》拆分为《行政单位会计制度》和《事业单位会计制度》，同时考虑到事业单位行业多、类型复杂，制定了《事业单位会计准则》统驭各行业事业单位会计制度。

2001年财政部在北京召开“政府预算管理和会计改革”国际研讨会，官方开始重视政府会计改革。1998年，财政部提出建立与市场经济体制相适应的公共财政体系并陆续进行政府采购、部门预算、国库集中支付、非税收入、政府收支科目分类等改革。其中部门预算是一项影响广泛的改革，它把原来的分资金渠道预算改成一个单位一本预算、一个部门一本预算，这对原有预算会计产生巨大冲击，要求会计改变核算模式，为部门预算编制和管理提供综合的会计信息支撑。

2003年财政部改组会计准则委员会，成立“政府及非营利组织会计专业委员会”，政府会计改革提上议事日程。当时的设想是用3—5年的时间建立一套科学规范的政府会计准则，力争于2008年实施。为推进政府会计改革，2006年我国制定“十一五”规划提出“推进政府会计改革”（2011年制定的“十二五”规划中又提出要“进一步推进政府会计改革，逐步建立政府财务制度”）；为配合政府会计改革，2008年中国会计学会专门成立“政府及非营利组织会计专业委员会”，对政府会计改革开展研究、提供理论支撑。

2012年财政部印发《2011年度权责发生制政府综合财务报告试编办法》，倒逼政府会计改革。尽管财政部作出推进政府会计改革的部署，但2010年后启动的新一轮预算会计改革仅仅对预算会计不适应财政预算管理改革的内容进行修订和完善，并没有往政府会计方向改革。财政部认为，虽然政府会计改革喊了多年，但没有实质性的改革举动，于是启动了试编政府综合财务报告，倒逼预算会计改革。从2012年开始前后试编了8年的权责发生制政府综合财务报告。我们知道，政府财务报告的核心是财务报表，需要以会计核算为基础，没有科学规范的政府会计很难编出一份完整像样的政府财务报告。尽管没有试编成功，但通过试编也发现了预算会计存在的一些突出问题，更加明确了政府会计改革的方向和推动政府会计改革的迫切性。

可以这么说，预算会计改革也是一场深刻的革命，改革之艰难可想而知。可喜的是，以习近平同志为核心的党中央以“抓铁有痕、踏石留印”的韧劲和决心推动全面深化各行业各领域的改革，在党的十八届三中全会《决定》中提出了“建立权责发生制政府综合财务报告制度”。国务院为贯彻落实《决定》精神，批转了财政部《关于权责发生制政府综合财务报告制度改革方案》（以下简称《改革方案》），阐明了改革意义、改革任务、改革内容、配套措施以及改革具体步骤和时间安排，正式启动了政府会计改革。

（二）政府财务报告制度改革任务与政府会计改革推进

《改革方案》明确了政府会计与财务报告改革的时间表和路线图。2015年财政部成立政府会计准则委员会，时任财政部副部长、政府会计准则委员会副主席刘昆在成立会议上明确提出政府财务报告制度改革的四大任务：建立一套科学规范统一的政府会计标准体系；编制两份报告（决算报告和政府财务报告）；建立三项制度（政府财务报告审计制度、政府财务报告公开制度和政府财务报告分析利用制度）；完善四项措施（修订完善相关财务制度、健全资产负债管理制度、完善决算报告制度和优化政府财政管理信息系统）。截至目前，除了三项制度尚未完全建立外，其余各项任务均有条不紊地往前推进。比如：

蹄疾步稳推进政府会计标准体系建设。至今已发布实施1份政府会计基本准则、11份政府会计具体准则、1份政府会计准则指南；制定统一的《政府会计制度》取代原来分行政、事业单位以及分事业行业的会计制度，并于2019年1月1日全面实施，颁布实施《社会保险基金会计制度》和《财政总会计制度》；制定颁布7份政府会计准则制定解释。

政府综合财务报告编制：由试点到全面实施。随着中央人民政府编制完成2021年权责发生制政府综合财务报告之后，除了常规的财政年度决算报告外，五级政府全部编制完成年度政府综合财务报告。

制定政府财务报告审计办法，探索推进政府财务报告审计。2020年审计署制定《政府财务报告审计办法（试行）》，目前正在开展政府财务报告试审试点，但试点效果仍有待检验。

制定事业单位成本核算指引，启动政府成本核算。推进政府成本核算制度建设也被提上日程，按照先易后难的原则，2019年财政部颁布《事业单位成本核算指引》，之后陆续发布医院、高校和科研机构的成本核算具体指引。

颁布行政事业单位管理会计应用指引，推动管理会计工具方法在行政事业单位应用。管理会计在行政事业单位应用对财政管理、预算治理非常重要，因为政府财务报告提供的信息要有助于改善公共管理、财政预算治理，必须借助管理会计工具方法的应用。为此，财政部在2018年专门制定颁布了《管理会计应用指引——行政事业单位》。

通过近几年全面深化、全力推进改革，基本搭建起包含政府预算会计、政府财务会计、政府成本会计和政府管理会计在内的完整的政府会计框架。我们有理由相信，假以时日必将建成科学规范的政府会计体系，这对于夯实国家治理基础、提高治理能力、提升治理效能、推动公共管理改革、构建现代财政制度、支撑预算治理、实施绩效管理、推进信息公开以及追责问责等都具有重要意义。

四、以国家治理、绩效管理为导向，深入推进政府会计改革

尽管政府会计改革持续推进，但改革进展比较缓慢，至今才制定颁布11份具体准则，用步履艰难来形容改革进展也不为过。改革进展缓慢的原因是多方面的。我个人认为，一是改革合力尚未形成，预算、财务、会计、报告、审计各环节衔接不够，准则制度制定与财务报告编制配合不紧，部门之间、内部司局之间协调不够；二是准则制度与实务脱节，准则制度定得不够细、缺乏具体指南、操作性不强，实务中遇到的问题找不到准则制度依据；三是政府财务报告编制困难重重，主要是会计主体与报告主体界定不清晰，会计核算基础薄弱，会计核算内容不完整，合并范围不明确，合并抵消困难，政府财会人员素质不高等严重影响财务报告质量；四是政府财务报告审计停滞不前，政府财务报告审计法规制度不健全、审计依据不足，审计人员短缺、经验不足、工作量大，再加上政府财务报告质量低，审计风险高；五是信息化智能化建设滞后，严重影响会计核算完整性和财务报告质量；六是政府会计改革与公共管理、公共财政改革协调性兼容性差，政府财务信息的应用场景拓展不够，改革效应将大打折扣。

下一步，要以国家治理、绩效管理作为导向，深入推进政府会计改革，重点推动以下几个方面改革：

（一）加快政府会计治理体系和治理能力建设

一是要加快政府治理体系和治理能力建设，夯实政府治理尤其是财政预算治理基础。一方面要不断完善、优化政府预算会计和政府财务会计，使政府会计核算能够为我国的公共管理、财政预算管理提供全面完整的财务信息。另一方面要大力推动构建政府成本会计和政府管理会计，这对于财政预算治理至关重要。

二是要从国家治理的高度来构建高质量政府会计准则制度体系。要加强政府部门之间、部门内部之间、准则制度制定机关与实务部门单位之间的协同，完善相关配套法规制度，确保政府会计准则制度有效实施。

三是要发挥好政府会计的治理工作。有学者认为，政府会计具有信息披露、监督制衡、决策支持、风险防范及绩效评价、追责问责等治理功能，本人很赞同其观点。

（二）推动政府会计与公共管理、公共财政协同改革

政府会计改革要主动去关注公共管理、公共财政改革动向，利用会计的治理功能和独特的工具方法评估公共管理、公共财政改革的成效和成败，更要挖掘公共管理、财政管理对政府财务信息的潜在需求，主动为公共管理、公共财政预算服务，即主动去挖掘公共管理、公共财政预算对政府会计信息的需求。比如政府的战略规划与中长期预算、公共政策的投入产出分析、公共投资的成本效益分析、公共服务定价的成本耗费测算、政府运行成本管控，绩效考评、监督问责等，都对

政府会计信息有潜在的需求。

当然，要服务于公共管理、公共财政预算治理，应不断增强政府会计功能，即应能够全面核算财政/财务收支活动，完整反映政府财务状况，准确计算政府运行成本，科学评价预算绩效，客观揭示财政风险，为公共决策提供信息支持等。为此，除了要不断完善政府财务会计和预算会计外，还应着重构建政府成本会计体系、以政府为场景构建政府管理会计体系，深化拓展管理会计工具方法的应用。

（三）强化政府财务报告审计

政府财务报告审计是《改革方案》规定的政府会计改革必要的步骤和程序，政府财务报告只有经过审计才能向社会公开，进而才能推动政府财务报告分析利用。我国政府审计机关的力量有限，可以在严格控制审计质量的前提下，研究引入民间审计力量（如会计师事务所和注册会计师）参与政府财务报告审计。

（四）推动政府财务、政府会计信息化智能化建设

与企业相比，政府财务会计信息化智能化相对滞后，将严重影响政府会计改革推进和改革成效。要深入分析政府会计信息化智能化的需求，推动政府财务、政府会计信息化智能化发展。

（五）大力培养高素质复合型政府财会人才

相对而言，政府财会人员的整体素质比企业财会人员略逊一筹，

主要原因在于这些人员在大学所学的基本上是企业会计的课程，加上学科专业所限，对公共管理、公共财政等知识涉及很少。高校是培养人才的重地，要培养能熟练掌握政府财会知识并具有公共管理、公共财政素养的高素质复合型政府财会人才，需要设置跨学科跨专业领域课程。比如财经类院校，会计专业要有公共财政、公共管理类课程，财政类和公共管理类专业也应当开设政府会计课程，以此来培养跨学科跨专业的复合型人才。

（六）开展协同研究，推动政府财务信息在公共管理、公共财政领域的广泛应用

公共管理、公共财政和政府会计应当开展协同研究，共同推动政府会计改革和政府财务信息在公共管理、公共财政领域的广泛应用。

互动环节

◎ 提问一：

请问在政府会计和预算绩效管理协同改革上，应该怎么做？

◎ 回答：

预算绩效管理、政府会计改革在政府部门单位层面一般比较容易协同，但如果是政府层面由于涉及跨部门就可能会存在一些问题，因为“铁路警察各管一段”的思维，加上各部门都有各自相应的职能职

责，考虑问题的角度很难相同，这就需要有一个部门负主责，牵头协调抓总。目前，预算管理与政府会计存在分离、分割，应该把政府会计嵌入预算管理过程，从预算编制、执行、调整、决算等各个环节注重利用政府会计提供的财务信息，帮助预算人员改进预算管理。当然，由于各自的工作职责不同，加上知识储备的缺乏，很多会计人员并不完全了解预算的具体运行管理过程及其对会计核算信息的需求，从事预算工作的人员也不一定有借助政府会计改进预算管理的意识。所以，应该树立问题导向，不同政府部门之间、部门内部各司局之间、单位内部不同岗位人员之间加强沟通协调，协同推进预算绩效管理与政府会计改革。

◎ 提问二：

目前在预算会计和预算之间的衔接上，您提到预算、决算与会计相分离的问题比较突出，特别是从政府预算绩效指标体系中能够认识到，目前这种会计信息和预算信息的脱离比较严重，是实现国家预算科学化和精细化的障碍。在构建政府会计体系时，怎么能够多维核算相关的会计、经济、社会、政治成本，以及下一步在改革完善中比如改革绩效指标时，怎么能够更好地让会计信息进入绩效核算或绩效管理中来？

◎ 回答：

预算、决算与会计分离既有预决算自成体系的内在管理逻辑，有预算会计无法提供预决算编制与管理需要的信息，也有预决算编制管理人员对会计的忽略、缺乏沟通和协同管理的因素。至于绩效评价与构建多维成本问题，我们要认识到政府与企业的差异。企业绩效评价之所以比较容易，主要是因为企业的效益是单一的、明确且具体的，那就是能否给企业创造价值，政府的效益是多维的且有的是无法可靠衡量的，比如社会效益、生态效益等。我们讲绩效基本上是投入与产出的比较、成本与效益的比较，产出、效益计量衡量上的困难往往是对“绩”和“效”产生模糊认识且常常带有主观性，而投入、成本是客观可计量可衡量的，但站在预算的角度谈成本往往只是“支出”的概念而且主要指预算资金支出，而成本则是“耗费”的概念，即政府运行、项目投资和公共决策等实际发生的资源耗费，这里的资源耗费不仅仅指货币资金耗费还包括有形资产和无形资产的使用损耗。所以，现在政府会计改革的艰巨任务在于如何从资源耗费的角度核算政府成本，为预算绩效评价提供最基础的成本数据，即会计成本。会计成本是实实在在核算出来的成本，至于社会成本、经济成本等则是以会计成本为基础再根据考核评价的需要分析各种因素后做界定的。比如经济成本，把钱投到这个项目而不投到另外一个项目，就要比较衡量机会成本；社会成本除了考虑会计成本外，还要考虑政府行为、公共决策（政策）和公共投资给社会造成的额外负担或额外成本，但都应当以会计成本为基础。所以，下一步绩效评价的改进很重要的一项就是要把政府成本算出来，才有可能以会计成本为基础来分析、预测其他方面的成本。因为政府是宏观管理，关注整个财政资金的投向，虽然也有主观因素，但如果能够更多地从客观需要角度来分析是有利的，所以说会计成本是基础，做绩效评价要能够更多地应用会计成本。

◎ 提问三：

2014年12月底，国务院批转了财政部《关于权责发生制政府综合财务报告制度改革方案》，其中改革内容非常详细。方案分成三个方面，一个是确立规则方面讲了四项任务，首先是会计准则体系，然后是政府会计制度，后面是财务报告编制以及审计制度公开制度等。另外还有两个，就是三大项任务十四个要点。这个文件下发到现在已经超过8年，改革虽有进展，但也步履艰难。2014年底也就是党的十八届三中全会之后，密集出台了一系列与预算制度相关的改革方案。关于刚才说的这一项改革，跟当初设定的目标任务相比，您认为现在完成到了什么程度？这个里面的难点或堵点是什么？

◎ 回答：

政府会计准则制度目前进展总体是顺利的，但准则制度是用于指导规范实务操作的，要贴近实务，目前的问题主要在于准则制度比较粗糙，质量不高、操作性不强。另一个问题是政府会计准则制定还比较缓慢，《改革方案》颁布了8年，至目前才制定出11份具体准则，所以说政府会计改革还任重道远。

目前看，政府成本会计制度改革相对滞后。按照《改革方案》应在2018年启动政府成本会计研究并制定相关成本会计核算制度，但由于政府成本比较复杂，概念上就有政府成本、政府行政成本、政府运行成本等，需要深入研究清楚后再制定相关的制度。成本核算最难的是成本核算对象的确定，只有确定了成本核算对象，才能够把发生的相关资金资源耗费通过会计科目进行归集再分配给不同的成本核算对象。财政部采取“先易后难”的做法还是比较可行的，即先研究制定事业单位成本核算制度，事业单位主要是提供公共服务的，其服务对象即成本核算对象比较明确，成本核算相对比较容易，所以财政部在2019年印发了《事业单位成本核算基本指引》，紧接着又发布公立医院、高等学校和科研事业单位的成本核算具体指引。目前看，医院成本核算进展还算顺利，高校和科研机构推进相对缓慢。政府成本核算难度就更大，为推进政府成本会计研究，2020年国家社科基金设立了“绩效管理导向下的中国政府成本体系研究”重大课题，目前正在推进该课题研究工作，力图能够为政府成本会计改革提供理论支撑。

另一个进展比较缓慢的是财务报告审计。前年新修订的《审计法》并没有对政府财务报告审计、政府财务/财政状况审计作出法律规定。目前如何对政府财务报告进行审计，除了审计署2020年印发的《政府财务报告审计办法（试行）》外，就没有其他相关的法律法规依据，加上政府审计力量不足，政府会计准则制度不完整，编制的政府财务报告质量不高，审计风险就比较大。审计署2021年开始对政府财务报告审计进行试点审计，但到目前还不能为政府财务报告出具审计意见，没有审计意见政府财务报告就无法向社会公开。

当然，政府会计改革的堵点可能就在于部门之间、财政部内部司局之间协同改革的合力尚未真正形成。比如，《改革方案》正在推动政府成本会计核算方面的制度改革，早在2012年颁布的高等学校、科学事业单位的财务制度中就有专章对成本费用管理进行规范和要求，但2022年修订的高等学校、科学事业单位财务制度却将成本费用管理的内容全部给删除了。作为财务制度，成本费用管理是极其重要的内容，做一些原则性的规定、基本的管理要求还是必需的。当然，政府会计准则制度与政府财务报告编制办法之间也存在一些需要协调协同的地方。

王雍君

1994年毕业于中国社会科学院研究学院，获经济学博士学位，现任中央财经大学教授、博士生导师，中央财经大学政府预算研究中心主任，中国财政学会理事，北京财政学会理事，北京市党外高级知识分子联谊会理事、监事。2004年入选中央财经大学首批教育部新世纪优秀人才。2008年起享受国务院特殊贡献专家津贴。2013年获聘“审计署特约审计员”和“国家审计指南专家委员会委员”，2013年获聘国家开发银行高级财务评审专家。2013年被全国公共管理专业学位研究生教育指导委员会聘为“全国MPA培养院校公共经济学师资培训班”授课专家。主要学术研究领域为公共财政理论与政策、政府预算、公共财务管理和公司财务管理，研究成果获得广泛好评。

第七讲 预算治理：概念框架与改革路径*

内容提要

在治理良好的国家，公共预算是公共治理和发展议程的核心。为系统提升治理能力与绩效，中国仍需深入改革预算制度、程序与文件，致力将公共预算塑造为各级政府最基本、最正式和最频繁的治理程序。据此，理论研究应致力阐明预算治理的概念框架和关键的改革命题，在此基础上鉴别最具成本有效性的改革路径。本文认为，预算治理的适当概念框架可被建构为“预算制度—预算程序—预算文件”构成的铁三角框架，关键命题则应基于“适者生存观”“受托责任观”和“权力制衡观”加以建构。概念框架和关键命题的结合，能够为精心设计与有效实施预算治理改革的崭新议程提供高度聚焦和细节丰富的路径选择，循此路径的改革带来的改革红利最为确切。

* 这是王雍君教授2023年10月29日在国家预算治理大讲堂的演讲稿，根据录音整理，并经本人审阅。

一、预算治理的概念框架

最近一个多世纪以来，全球范围内的公共预算改革一直是相当活跃的主题，无论在实践领域还是在理论研究领域。各国或不同时期的预算改革并未遵从某个普遍模式，但共同特征是鲜明的和重要的，那就是把公共预算改革和公共部门治理改革紧密地结合起来，因而可用“预算治理改革”概念加以描述。预算改革和治理改革的二分法是错误的。脱离治理改革谈论预算改革很成问题，脱离预算改革谈论治理改革也是如此。广泛的改革实践和相关研究表明，成功的治理改革和成功的预算改革互为前置条件，一方的成功依赖另一方的成功。更直白地讲，没有配合预算改革的治理改革注定失败，至少不会成功。

预算治理（budget governance）可定义为一个社会以预算制度、预算程序和预算文件解决其公共政策问题的系统方法。预算制度由预算法确立。预算法及其确立的预算制度涵盖五个层次：第一层次的《宪法》，第二层次的《基本预算法》，第三层次的《行政预算法》，第四层次的《年度预算法》（立法机关批准的年度预算），第五层次的《补充预算法》（预算执行阶段对年度预算的补充法案）。

预算制度把预算过程界定为四个主要的法定阶段构成的预算程序（budget procedure）：行政部门准备预算，立法机关审查和批准预算，预算的行政执行，以及对预算执行的事后问责（决算与审计）。自诞生之日起，预算就是按照“准备—审批—执行—问责”这四个主要法定阶段循环运转的，尽管细节因国家和政府而异。预算文件（budget documents）是预算程序的直接产物，用来记录预算过程的相关信息和规制与引导预算程序的运作。

预算程序嵌入了公共部门最重要的决策程序与机制，无论中央还是地方，无论发达国家还是发展中国家。当代治理文献把预算程序确认为公共部门最基本、最正式和最频繁的治理程序，还把预算文件（包括预算执行与决算文件）确认为政府唯一最重要的政策文件（policy documents）。预算制度、预算程序和预算文件共同构成预算治理的三个支柱。就现状而言，我们对三个支柱如何协同运作以解决经济、社会与政治等诸多维度的治理难题的理解，仍处于“初级阶段”，与发达国家的差距巨大。不只是认知能力，还有重视程度。总的来说，目前我们对预算治理的重视程度甚至不及“文山会海”。两类治理模式高度对立，互不相容。在“文山会海”占优的体制环境下，“依靠预算解决问题”的意识和努力必然淡漠，预算治理也很难步入正轨。基础理论研究的薄弱和空白使情形雪上加霜，以至许多根基性的改革议题始终未能提出，比如界定与建构预算过程中立法机关的预算角色，满足三个前置条件的预算程序集中化，采用基线筹划评估与分离现行政策和新政策的未来成本，建立基于支出周期的预算会计控制受托人风险和形成预算法案，需求面方法中公民模型的应用。清单还可更长。在整个公共财政领域，认知能力显著不足在预算过程中尤其突出，特别是关于预算制度、预算程序和预算文件在国家治理体系中的地位和特殊重要性，以及预算程序集中化为何构成绩效预算取得成功的先决条件。客观地讲，就预算治理实践和认知水平而言，我们与发达国家的差距非常大，亟须奋力追赶。

鉴于此，有必要把预算治理命题阐释清楚，这取决于我们看待预算治理的视角。总的来说，至少有三个主要视角极为重要，不可或缺，分别称为“适者生存观”“受托责任观”和“权力制衡观”，每个都足以构成预算治理改革的关键命题。

二、基于适者生存观的改革路径：应变与修复

凡事预则立、不预则废。人类区别于并高于动物的主要标志之一，在于人类具有预见未来并提前做出应对的意识与能力。人们很少注意到，人类生存与发展的能力，从根本上讲取决于“预见—应对”能力，即最重要、最值得费心追求的“治理能力”，不同国家、不同组织、不同背景的人们在这里表现出极大差异，尤其在“战略能力”和“防火能力”方面。

自从登陆地球和成为地球霸主以来，人类实际上只在做一件事，那就是适应环境变化带来的挑战与机遇，求取生存与发展。在当代背景下，适者生存观没有过时，其重要性与紧迫性甚至与日俱增。环境变化一直在加速，不只是自然环境，还有社会环境的快速变化。这有好有坏，因为环境变化既带来机遇又带来挑战。预算治理改革的第一

个关键命题，就是把公共预算塑造为公共部门“预见—应对”环境变化的核心工具，一方面系统强化应变能力（adaptability），另一方面系统强化修复能力（repair capability）。这是预算治理能力的两个关键方面，每个都对应特定的改革路径。

（一）预算应变能力：升级中期财政规划

应变能力指对可预见的机遇与挑战做出适时和恰当反应的能力。为开发、实现和强化这种宝贵的预算治理能力，必须确保年度预算在中期财政规划的约束与引导之下加以准备、审查和执行，在全球范围内，这早已被视为最佳实践（best practice）。中国从2015年开始也引入了中期财政规划，但主要被当作预测工具使用，至今如斯。升级为筹划（projection）工具实为当务之急，以确保年度预算体制能够正常有效运转：预算—政策的紧密联结存在于预算过程的各个阶段。预算—政策间脱节一直很严重，直接损害预算应变能力。

中期财政规划在国际上通常称为中期支出框架（MTEF），有时也称“中期展望”或“宏观经济与政策框架”。其基本作用和底层逻辑在于通过建立和强化预算—政策间的直接联结，支持和改善年度预算体制的运作。预算必须联结政策，否则将失去目标感和方向感而沦为分钱游戏；政策必须联结预算，否则将成为理想与决心的代名词而降低可靠性与可信度。

两个方面的升级至关紧要。首先应重新定位中期财政规划的功能，即从侧重预算预测（budgetary estimated）转向侧重预算筹划

（budget projection），其核心要义有四点：①界定“现行政策”与“新政策”的区分标准，以确定什么属于预算中采纳的现行政策，什么属于预算中采纳的新政策，标准必须清晰和易于操作；②在对执行现行政策的中期财政效应进行充分评估的基础上，建立现行政策的支出基线（expenditure baseline）；③在对采纳新政策的中期财政效应进行充分评估的基础上，为新政策建立支出基线（线上）（above the baseline）；④界定节约基线（saving baseline），即完成相同预算工作量应实现的资金节约目标，针对支出部门和机构。为避免支出部门把线上（新政策的支出增量）视为自己的权益（entitlement），年度预算只应列示现行政策的支出基线（线下），不应包括新政策的支出基线，并且只应包括有确定资金来源的政策。

如果一并满足以上四个基础条件，中期财政规划即可从预测工具转换为预算—政策制定的辅助工具，以支持年度预算体制的运作。预测是必要的和重要的，但毕竟不是目的，目的是服务于预算制定和政策制定。制定预算是制定政策的特定方式，原则上应在预算准备阶段同步完成。

中期财政规划应建构三类中期框架（mid-term framework）：①“财政框架”，侧重阐明中期（未来3—5年）宏观经济与财政政策的重点和优先性；②“预算框架”，侧重建立收入、支出、债务、赤字/盈余等重要“预算参数”的目标水平；③“绩效框架”，侧重确定年度和中期内所要实现的绩效目标。

两个方面的升级对强化预算—政策间联结至关紧要。应变能力要求预算过程（budget process）始终由政策驱动（driven by policy），其对立面是收入驱动（driven by income），即通常所谓的“有多少钱办多少事”，有时也被描述为“以收定支”[①]。

（二）预算修复能力：预算程序集中化和预算僵化

修复能力指消除脆弱性（vulnerability）的能力。脆弱性在预算过程中很普遍，主要有两类典型症状。第一类是支离破碎的预算程序，导致预算过程的共同池资源（the common pool resource）问题及其负面后果不能被有效控制，负面后果主要有三类：过度支出、资源错配和逆向（有利强势群体不利弱势群体）分配。在此方向上，预算治理改革应致力促进预算程序的集中化。与碎片化的分散性预算程序不同，集中化预算程序定义为：在相同时间里采用相同程序，对全部的支出申请进行集中统一审查和权衡，以约束与引导预算—政策决策者采纳全面的成本受益观[②]制定决策，从而控制共同池资源问题——集中收益（私人化）、分散成本（社会化）的决策[③]。与碎片化的预算程序不同，集中化预算程序要求全部的预算申请面对“总共有多少钱可花”的资源硬约束，并基于社会边际成本与边际收益进行全面且公平的支出竞争（expenditure competition）。

广泛的实证研究表明，预算程序集中化带来的收益最为确切，发

① “以收定支”和“以支定收”均属预算制定的不良方法。良好预算准备的起点应是“现实的收入预测”和精心准备的“宏观经济与财政政策框架”——通常称为中期支出框架（MTEF）——共同决定的预算限额，重点是支出限额。

② 全面的成本受益观系指决策者面对“真实预算约束”的成本受益观。“真实预算约束”定义为如下情形：假设受益群体和代表这些群体的决策者，承担与其支出受益相称的完全成本，这意味着所有的预算—政策决策都遵从“谁受益谁负担”的原则。

③ 这里讨论的是预算准备（行政运作）阶段的集中化。集中化还包括预算审查和执行阶段的集中化。

展中国家尤其如此。人们很少意识到，如果没有有效的集中化，从投入预算（input budget）转向绩效预算（performance budget）的改革很难取得成功，包括产出预算（output budget）和规划预算（program budget）。

鉴于良好的预算准备是预算治理取得成功的关键，集中化应首先在预算准备阶段实现，依次涵盖自上而下的宏观指导，自下而上的预算申报，形成提交立法机关审查的预算草案。以下三个前置条件必须满足，否则，预算准备阶段的集中化将不能实现：

- 预算约束：全面、详细和严格的支出限额①
- 早做决策：预算—政策决策应保持同步并且不应拖延
- 中期展望：将弥足珍贵的政策展望意识融入预算过程②

脆弱性的第二类典型症状是预算僵化（budget rigidity）：大量预算资源被长期“套牢”在低社会优先级用途上，难以释放和转移到高优先级的用途。市场体系中那种活跃的资源再配置机制，很少存在于公共预算领域。中国的行政管理支出占全部支出的比重远高于发达国家。大量资源用于供养机构和人员，包括大量冗余机构和冗员。这种情形由来很久，很少改变。“保运转”或“维稳”长期挤占原本可用于“促发展”和“保民生”的资源，作为典型例子，足以表明激活预算过程的再分配机制多么难以实现。预算僵化的成因相当复杂，包括基数

① 支出限额应在预算准备的早期阶段在《预算指南》中颁布实施，包括支出部门所属全部机构的机构支出限额，这一点至关重要，应作为部门预算改革的优先事项对待。

② 底线是：资本支出、权益（法定）支出和或有负债纳入中期展望——诉诸覆盖未来3—5年的财政框架、预算框架和绩效框架进行展望。

法、法定支出和（地方预算）自主权不足。更深刻的原因有两个：对“文山会海”的重视压倒对预算治理的重视，以及预算—政策的脱节。

完全消除预算僵化并不现实，但激活再分配机制不仅是必需的也是可能的。此方向的预算治理改革，除了其他方面的努力外，焦点仍应集中于升级与强化中期财政规划的功能：将其塑造为将“中期框架”与政府“现行政策”联结起来的约束性程序，该程序确保采用基线筹划（baseline projection）分离和评估现行政策与新政策提议的未来成本，还要求预算申请者以财政成果（fiscal outcomes）为基础证明其支出合理性。

旨在增强应变和修复能力的预算治理改革努力，应被当作一项社会系统工程对待，这意味着必须把供给面方法（supply-side approach）和需求面方法（demand-side approach）结合起来，特别是在供给面方法取得进展的基础上。除前面论及的预算程序集中化和升级中期财政规划等举措外，特别关键的供应面方法至少还应包括两类路径：会计、预算、国库这“三驾马车”的整合，以及围绕共同目标成果促进五项核心运作（work）的协同。五项核心运作依次为：规划/计划制定、预算制定、预算执行、绩效监控和绩效评价。两类努力应在各个政府层级上展开。

三、基于受托责任观的改革路径：成本与目的约束

理解预算治理的第二个视角是委托代理关系。处理委托代理关

系的基本原则是受托责任（accountability）。一般来讲，发展中国家的预算改革的中心问题是政府对社会的财政受托责任（fiscal accountability），核心是针对纳税人的“拿人钱财、替人消灾”的责任。纳税人最终为所有的政府支出买单。从经济学意义上讲，所有的人都是纳税人。公共财政是一些人花另外一些人钱的游戏，也就是政府花纳税人钱的游戏，此即著名的“他人钱财”问题。

管理他人钱财对所有国家和政府都是一个巨大考验，历史和日常经验一再证明：个人花好自己的钱易，政府花好纳税人的钱难，富裕政府花好纳税人的钱难上加难。主要困难在于如何为预算过程的所有参与者建构成本约束和目的约束。成本约束和目的约束正是当代世界中公共治理的两个中心难题。主要由于制度安排的缺陷，忽视和漠视成本在公共领域和预算过程中很普遍，与私人领域形成鲜明对照。被忽视和漠视的还有目的：理想财政成果的三个核心层级，即总额财政纪律、配置有效性、运营有效性。

就建构和强化成本约束与目的约束而言，没有什么比建构和强化预算过程的受托责任来得更重要和更紧迫的了，要点包括：

- 清晰区分合规（compliance）责任和绩效（performance）责任并确保两者兼容与平衡
- 清晰界定支出合规责任的三个维度——用途、金额和时间
- 清晰界定绩效责任的五个层级——总额财政纪律、配置有效性、运营有效性、财政风险和透明度
- 清晰界定财政受托责任链（fiscal accountability chain）的五

个要素——信息、质询、答复、裁决和惩罚

- 定期发布财务报告和绩效报告及其外部审计报告
- 建立标准化的产出成本核算体系用以生产、使用和报告成本信息
- 在人大代表与其代表辖区之间、人大与支出机构之间建构财政契约关系

以上举措不能代替基本的制度改革，重点应是全面强化与改善人大代表的代表性和专业化，清晰界定人大作为立法机关和审议机关在预算过程中扮演的三个关键角色——代表、立法和监督，全面提高人大代表对财政事务的履职能力。直接负责或参与预算审查的人大代表应满足一定的资质条件，比如取得“预算分析师”证书。预算审查、批准和监督需要具备广泛的专业知识，否则很难保证质量、可靠性和可信度。至关重要的还有为人大扮演好预算角色提供充足资源，创造必不可少的各种基础条件，比如人员编制、工作时间和“三驾马车”（党委、政府与人大）之间的工作协同。

最优先的事项应是厘清“责任边界”(responsibility domain)。任何运作良好的预算过程都必须“澄清角色与责任”。角色界定责任。不同的角色对应不同责任。不过问更不深究“角色和责任为何”一直是预算理论与实践中的突出问题。政府责任、国企责任、政府控制实体的责任、社会组织的责任和市场责任必须分清，各自回归和安顿于其适当边界。预算的责任边界应与政府的责任边界高度一致。在此前提下，预算程序和预算文件应有清晰的受托责任设计，受托责任链必须清晰完整，尤其是预算过程中的人大责任、支出部门的责任和机构

管理者的责任。必须保证公众知道谁对项目预算负责、负责什么和如何负责，尤其在执行阶段。

在整个预算过程中，受托责任的核心是控制受托人风险——定义为预算执行偏离预算授权的风险。公共财政中委托代理关系的基本逻辑，决定了行政部门必须就其预算执行和结果对公民或其代表负责，公民代表必须对其代表的公民负责。为确保这种责任和问责确实存在并且有效，除了现金会计外，还必须有真正意义上的预算会计（budgetary accounting）记录支出周期四个主要阶段的预算运营（budgetary operation）信息，即拨款—承诺—核实—付款阶段的运营信息。权责会计无法取代预算会计的独特作用。控制代理人风险，这是通过预算执行过程的“基本财务合规性控制”实现的。无论拨款还是随后的承诺—核实—付款阶段，行政裁量权（administrative discretion）的范围和程度远远超过理论上的合理水平，预算过程的现实就是如此。此外，预算草案（budget draft）转换为预算法案（budget bill）在民主治理背景下是一件意义非同寻常的大事，除了满足“须经公民或其代表正式批准”这个前置条件外，还有一个关键性的技术条件须被满足，那就是采用预算会计方法制定和记录预算授权。预算会计作为关键的权力制衡机制的定位和独特作用，至今未被国内学界和实务部门认识和理解，加上缺失必要的政治承诺和行政意愿，共同导致预算会计的发展严重滞后。现行预算会计空有其名而无其实。就现状而言，建构真正意义上的预算会计的重要性和紧迫性，无论怎样高估也不为过；从“以责任制约权力”的制度安排与实践植入预算过程的角度看，就是如此。

层级（levels）是预算过程的受托责任的另一个关键方面。谁对公款的“安全性”负责？谁对公款来源与使用的“合规”负责？谁对公款使用过程与结果的“绩效”负责？就绩效责任的层级而言，谁对“总额绩效”（财政纪律）负责？谁对“配置绩效”负责？谁对“运营绩效”负责？这些涉及的都是受托责任的层级问题。进一步的问题包括“如何负责”和“何时负责”。

作为一般结论，现行预算制度、程序和文件严重缺乏受托责任设计，以至“找不到责任者”和“不可问责”成为预算过程的常态，从预算准备延伸到预算审批、执行和事后的评估、分析与审计，只有运营层面的行为（behavior）合规性责任（“留痕”）例外。此类责任过于强势，加上实施不良，产生了妨碍绩效的严重倾向。

概括地讲，基于受托责任观的预算治理改革应在两类关键路径上展开。第一类关注“谁对谁负责”，尤其是公民代表对其代表的公民的受托责任，以及行政部门对公民代表（立法机关与审议机关）的受托责任；第二类关注“对什么负责”，首要的是澄清和落实三个基本层级：安全、合规、绩效的责任，其次是澄清和落实绩效责任的五个层级：总额、配置、运营、风险和透明。两个方面的改革努力服务两项核心诉求：为预算过程中代理人的行为确立牢固的成本约束和目的约束。如果代理人漠视成本和委托人关切的目的成为习惯和常态，基于受托责任观的预算治理改革就无比重要，而焦点应是全面改革预算授权安排和全面赋权公民参与预算过程。这样的改革举措才能真正使底层民众受惠。政府的核心本质和基本责任是服务人民，必须持续保持以合理成本交付与公众偏好相一致的公共服务的激励。公共支出必须在有如毛细血管的“服务端”创造出充分且被公平分享的价值，公共服务的受益必须抵达目标受益者，目标受益者必须首先锁定底层民众。

四、基于权力制衡观的改革路径：授权与赋权

权力制衡观的预算治理与适者生存观、受托责任观的预算治理至少同等重要。归根结底，公共预算应作为解决三类治理问题的核心工具发挥作用：预见与应对环境变化带来的机遇与挑战，政府对社会和纳税人的受托责任，预算过程中的财政权力制衡。

预算过程涉及处理广泛和重大的财政权力（fiscal powers），最重要的是“花钱”的权力，涵盖拨款和拨款分配的权力、签发支付令的权力、实施支出（承诺、核实与付款）的权力，借款、贷款和贷款担保的权力。预算过程在某种程度上也涉及处理征税权。税法虽然赋予政府依法征税的权力，但征税权不能完全由税法确定，至少在一定程度和范围内受制于预算授权安排。清单还可以继续延伸，包括“决定是否和何时纳入预算”以及“确定支出重点与优先性”的权力。

与政治权力一样，所有的财政权力都有其终极来源。民主治理将终极来源界定为“我们人民”，其宪法基础是人民主权原则。

无论是作为财政民主（fiscal democracy）还是作为限制财政权

力的基本制度安排，预算授权安排都至关重要且无可替代。预算须经公民或其代表正式批准，否则政府既不能向公民和企业拿钱，也不能实施任何支出。预算过程中政府拥有和行使的合法财政权力止于预算授权，即获得公民或其代表正式批准的那些权力。授予的不只是权力，还有责任。预算过程中的权责不匹配、权力大于责任在现实中向来严重，关注程度和矫正行动明显不足。所有政府、部门、机构和官员尤其喜欢自由裁量权，这些权力通常不透明，也很少受到实质性有效监督。腐败与寻租的蔓延足以说明一切，提醒我们对现行预算授权安排的漏洞和瑕疵保持警觉。全面深化预算授权制度改革无疑是一项复杂的社会系统工程，但焦点应十分集中：全面收缩决策者接触、掌控与影响公共资金来源、分配与使用的权力和机会空间，特别是既不透明也很难监督的自由裁量权。只有在改革后的授权安排能够保证权责分配的合理化，预算过程中权力滥用与误用的风险才会被降至最低水平。

财政民主和限制权力的努力亦应扩展至赋权安排：赋权公民参与公共预算过程的权利，以使公民的“声音”能够影响公共决策。理想情况下，至少在基层政府预算层面，公民应能直接决定预算或预算支出的某个部分。参与式预算（participatory budgeting）就是这样的模式。在那些预算民主传统深厚的国家，公民预算投票很常见，甚至被制度化。

作为制衡权力的两类制度安排，授权与赋权高度互补、不可或缺。授权安排以立法机关的预算运作为中心，赋权安排以公民的预算运作为中心。两者的逻辑关系和实现路径与机制值得深入探究。

作为典型的公开事务，预算是公民参与公共事务的最佳平台。鼓励公民参与预算并为其创造条件，可以带来多方面的利益。很重要的一点是，预算过程中的公民参与有助于创造公民监督和控制政府的意识。它也可在治理中创建一种公民教育的意识：什么东西应该花钱以及应该花多少，如何确定其优先性，怎样评估需求，如何评估各竞争性用途间的优先性。它还有助于教育人民怎样解决冲突。在这个过程中，它也有助于创建这样一种意识，普通公民同样拥有参与预算和其他公共事务的权利，而权利意识的加强有助于加强公民对政府的忠诚度。公民参与也有助于减少腐败，因为几乎所有的腐败行为都发生在黑暗中。

目前预算过程的公民参与严重不足。在现行体制下，公民没有足够的机会、渠道和积极性参与预算过程，这极不正常。由此带来的一个直接后果是，预算反映的是“政府的偏好”，很难充分表达民意。公众对公共事务相对价值和支出优先性排序的看法，通常与政府官员颇不相同。因此，缺乏参与的预算实际上也是缺乏民意基础的预算，这并非是一个无关紧要的问题。

预算过程的公民参与依赖赋权安排（empower arrangement），即确认预算过程中的公民作用并赋予相应权利的制度安排。此方向的改革属于典型的需求面方法（demand approach）：采纳公民中心的治理模型，以公民参与和回应性作为价值引领，以绩效契约来运作，其中包括公民与其代表订立绩效契约（performance contract），代表与行政部门订立绩效契约，行政决策制定者与管理者订立契约。公民代表对于公民、政府对于公民代表以及管理者对于行政决策制定者，都负有受托责任。受托责任要求委托人对代理人的强有力控制，以及约束代理人追求委托人目标的能力，根植于如下核心理念：政府得自人民的资源，须按人民的意愿使用，并致力于产生人民期望的结果。公民模型的本质是重视公民实际需求，充分准确反映公民的真实偏好。

除绩效契约外，公民模型亦可采用参与式预算加以运作，并与绩效预算整合起来，整合的关键节点在于“确保公民在预算专家的协助下有序参与预算过程”。与常规预算过程不同，参与式预算赋予公民或其代表以预算决策者角色，在一定条件下和程度上能够决定预算配置的重点与优先性，使产出绩效（output performance）更能匹配自己的偏好和需求，这是服务型政府的一项关键特征与功能。公民并非公共服务的被动接受者或消极旁观者，而是积极参与者，能够在“预算过程参与”中习得各种宝贵的知识与技能，以及处理冲突的方法和顾全大局的人格品质，这反过来有助于系统改善与强化预算治理。

与向来侧重的供给面方法不同，基于需求面方法的预算治理改革尤其适合在基层、社区和规划层次展开，但也适合高层级政府展开。互联网和大数据技术可提供强有力支撑。主要困难并非技术，而是政治承诺与行政意愿。鉴于“规划的语言”几乎是普通公民也能听懂的唯一的“预算语言”，公民模型应尽可能在规划层面展开。规划预算（program budget）因而特别有用，区别于投入预算和产出预算，也不同于通常所谓的“项目预算”[①]。规划定义为旨在实现相同目标的活动

① 规划预算有四项特质：联结政策目标的规划目标作为筹划变量而非给定变量，按筹划的目标变量组织活动，以活动为单元制定预算和建立绩效指标，评价规划成果与有效性。

的集合。为形成预算制定的合理基础和促进公民模型的应用，开发良好的规划结构（program structure）应作为运营预算①改革的一项紧迫任务，清晰界定“目标—规划—活动—绩效指标—信息系统”构成的规划链（program chain）；在这些努力取得进展的基础上，在规划链的各个层级上赋权公民参与。

需要特别强调的是，为确保真正有效，授权安排和赋权安排应满足公款管理的三条底线法则：

- 底线法则1：法定授权——未经公民或其代表的正式批准政府不得拿钱和花钱
- 底线法则2：分离控制——没有任何人或机构能够独自掌控整条支出链（expenditure chain）或支出周期（expenditure cycle）的各个运营阶段
- 底线法则3：流出监控——公共资金流出国库（treasury）的过程必须处于代表公民的立法机关的有效监控之下

三条底线法则彼此互补不可或缺，当务之急是将其融入制度安排，从而构筑起确保公款安全的第一道防火墙，约束和引导预算过程的运作。预算过程处理的公款规模极为庞大，若以四本预算②的支出规模近似计量，约达年度经济总量（GDP）的40%。预算过程中的权力滥用与误用的风险一直很高，严重威胁公款安全，威胁程度甚至远高于绩效。推论起来，公共利益的主要元素就是公款，公款管理寻求

① 预算应清晰区分为三级结构：宏观预算，确定预算变量的总量水平；配置预算，建立支出重点和优先性；运营预算，确定关于资金使用的投入—产出关系。

② 指一般公共预算、社会保险预算、政府性基金预算和国有资本经营预算。

的核心价值首推安全（safety），其次是合规（compliance），绩效（performance）位居最后。这个逻辑次序不应颠倒。然而，现有的预算改革议程并未将公款安全置于最优先位置。预算过程中的腐败风险一直很高。腐败的实质是“公款偷窃”，其负面后果和影响远超想象，长期而言更是如此。

改革开放以来，预算改革相当活跃，但系统性的预算治理改革议程至今尚未真正展开。主要由于认知局限和缺乏共识，学界也没能提出这样的议程。本文的中心观点是：只有基于预算制度、程序和文件的“铁三角框架”，结合适者生存观、受托责任观和权力制衡观鉴别关键的改革路径，预算治理改革的系统性议程才能得到精心建构和有效实施。在此议程中，那些“似小实大”、长期被忽视且严重滞后的议题，应受到特别重视并置于优先位置，尤其是预算程序集中化、基线筹划、基于支出周期的预算会计、公款管理的三条底线法则、合规—绩效责任的平衡以及规划结构设计。我们必须认识到，成功并不取决于“改了什么”，而是取决于“改在要害”上。毕竟，“做正确的事”永远比“正确地做事”更重要。

施正文

中国政法大学财税法研究中心主任，中国政法大学钱端升讲座教授、博士生导师。兼任中国法学会财税法学研究会副会长、中国税务学会学术委员会委员、中国国际税收研究会学术委员会副主任、国际财政文献局（IBFD）中国纳税人权益保护观察员、财政部法律顾问、北京市人大常委会财经监督顾问、北京市人民政府立法工作法律专家委员会委员、北京市法学会学术委员会委员、北京税收法制建设研究会副会长、北京市税务学会常务理事等。主要研究领域为财税法、比较税法、经济法、公共财政。北京大学法学博士，中国人民大学经济学博士后，曾在财政部条法司从事财税立法工作，美国纽约大学法学院税法高级访问学者。出版《税法要论》《税收程序法论》《税收债法论》《财税法学》等30多部著作。在《法学研究》《中国法学》《新华文摘》《税务研究》《国际税收》等核心期刊发表论文160多篇。主持和参与“中国税法通则立法基本问题研究”等国家和省部级课题20多项。主编《中国税法评论》辑刊。深度参加《预算法》“税收基本法/税法总则/税法典”“增值税法”《企业所得税法》《个人所得税法》《税收征管法》《环境保护税法》“关税法”等法律的立法咨询工作。

第八讲 国家治理视角下深化个人所得税改革思考*

内容提要

我国个税法自1980年通过以来，历经7次修改，其中2018年第七次修改使个人所得税由传统向现代转型，具有里程碑式的意义。我国现行个人所得税面临综合所得最高边际税率未降低、经营所得尚未纳入综合所得、资本所得政策尚未调整等主要问题。个人所得税的未来改革，需要从国家治理现代化的视角去考量，个税要发挥在实现共同富裕中的关键作用，推动高质量发展，促进数字化转型，必须健全和完善现代个税制度。应以建立现代个人所得税制度为目标宗旨，以提升个税再分配功能和国家治理功能为功能定位，通过采纳“增值说”所得理论，扩大应税所得范围、扩大综合所得征税范围、完善资本所得课税制度、扩大税率级距、降低最高边际税率、完善费用扣除制度等举措不断深化个税改革。

* 这是施正文教授2023年11月26日在国家预算治理大讲堂的演讲稿，根据录音整理，并经本人审阅。

我国现在正在推进中国式现代化，个税法的现代化在中国式现代化的过程中扮演着重要的角色，因此，从国家治理视角下探讨深化个人所得税改革，具有特别重要的意义。我将按照以下线索展开，首先对个税改革的历程进行梳理。实际上未来的改革很多是建立在该基础上，特别是2018年的改革，为未来开启了一个方向，并打下了良好的基础。接下来分析现行个税法的问题，着眼于面向未来，我们要从国家治理的视角出发，通过现代化的视角分析个税改革面临的新情况、新要求，科学确定深化个税改革的目标和功能。最后就是改革的具体措施以及一些主要内容的探讨。

一、个人所得税法历次修改情况

（一）前六次个税法修订

我国的个税法于1980年通过，此后经过7次修改，其中第一次修改是比较重要的，于1993年将所谓“三税并立”的格局统一为完整的个人所得税。所以1993年个税法的修订奠定了以后多次修改的基础。1999年的第二次修改主要是围绕着储蓄利息是否征税的问题。以后的多次修改主要是围绕起征点，实际上就是基本费用扣除的提高。到2011年的第六次修改时，涉及税率结构，税率结构从九级调整为七级。

此前的六次修改主要是局部问题的小修，并没有对个税制度做一个根本性的调整。到2018年，也就是最近的一次修改是具有历史性意义的。这次修改针对现在个人所得税制度所涉及的多个重要方面，表现在个税的税制模式转型，由原来的分类到现在综合与分类相结合，对税率结构进行了优化，对税率水平进行了调整。另外，对费用扣除制度进行了重大调整，增加了专项附加扣除，设置了反避税制度和汇算清缴等。第七次修改被称为个人所得税由传统的个人所得税向现代的所得税转型的一次变革，具有里程碑的意义。

（二）第七次个税法修订的制度创新

第七次的改革开启了我国个税法现代化、个税深化改革的序幕，奠定了一个良好的基础，但是未来的进一步深化改革依然任重道远，所以要深度分析2018年的这一次改革，我将其总结为7大制度创新。

1.税制模式：建立综合与分类相结合的课税模式

把各类劳动所得作为综合所得，另外5类所得作为分类所得，这就是综合与分类相结合。改革的意义是非凡的，因为个人所得税要实现调节收入分配的作用，就必须扩大综合征收的范围，只有综合所得范围扩大，才能用累进税率进行调节。所以它对个税分配功能的发挥具有奠基性的意义。

2.完善国际通行的纳税人身份判定标准

明确了个人所得税的纳税人身份名称和类别。实际上，之前居民和非居民也会加以区分，但是法律上并没有使用居民和非居民这个概念。将居民纳税人的判定标准由居住满1年调整为居住满183天，与国际上大多数国家的居住时间标准相一致。所以，2018年所得税法修订对纳税人身份的明确，对多个制度的建立具有重要的意义。

3.优化税率结构：降低部分中低收入者税负，提高部分中高收入者税负

税率结构进行了优化。这次主要对税率进行了调整，有的扩大有的缩小。改革让部分中低收入者的税负降低，但是又让部分中高收入者税负提高，主要是对专家学者、科技人员、专业人士，把四项劳动所得汇总起来，造成这部分人群面临税负的升高。但顶级富人的税率没有变化，主要表现在资本所得的税率结构没有调整。中高收入者主要是科技人才，提高其税负与科教兴国、高质量发展是背道而驰的；低收入者无法享受减税，对于收入达不到起征点的人没有作用，民生未改善；而且资本所得的改革在2018年也基本上没有涉及。

4.建立基本扣除与分类扣除相结合的生计费用扣除制度

税基这次有重大的突破。原来是统一的5000元，现在进行了个性化处理，基本扣除和分类扣除相结合。基本扣除提高到5000元，然后有7项专项附加扣除，2022年增加了婴幼儿的照护费用。2023年把子女教育、婴幼儿照顾等费用标准提高。这些改革都是生计性的扣除，表明国家更加关注纳税人的民生，关注其基本生活的保障，使个税更加以人为本，所以费用扣除制度改革是一个重点方向。

5.全面建立反避税制度

在征管制度当中也有很多突破，一是建立了个税的特殊反避税制度，既有转让定价，又有CFC税制；二是建立了一般反避税规则，但实施层面的配套规则不足。

6.建立现代个税征管制度

在征管制度当中，最重要的一个改革是真正实行了自行申报制度，原来也有12万元高收入的自行申报，但是在分类所得税的框架下，纳税人的税负扣缴跟申报并没有实质性的不同。综合所得以后按年计征，必须要有事先取得收入时的扣缴和年终的汇算清缴。因为纳税人的税负只有在最终汇算清缴时才能确定，前面的预扣预缴不是最终确定。当然，如果只有一处工资薪金所得，纳税义务跟最终的汇算结果是一样的，但这种情况比较少。另外还有其他的一些自行申报制度的建立。从这几年民众的个税汇算清缴可以看出取得了巨大的成功，产生了积极的效应。另外，关于涉税信息制度的建设，这方面明确要求相关部门要协助税务机关提供专项附加扣除的信息。在转让不动产时，相关的登记部门要进行检查，这对自然人税收征管制度的建立十分关键。

7.完善更加开放、公平、规范的国际税收规则

在国际税收中也有少量调整，如调整了居民个人判定标准，放宽了非居民纳税义务，另外，调整了境内外所得的计税规则，对综合所得、经营所得由分别单独计税转变为分别合并计税。

2018年的改革可圈可点，几乎触及了个税基本制度和重大政策的调整，但只是初步地建立了框架，有些东西还需要逐步完善，个税改革永远在路上。

二、现行个税的主要问题

（一）综合所得最高边际税率未降低

现行个人所得税的主要问题之一是综合所得最高边际税率为45%，这的确是偏高的。OECD国家一般在35%左右，过高的边际税率使中国税制的竞争力不够，特别是对人才吸引力不足，其中多为科技人才和专业人士，他们正是社会发展转型的创造性动力，对其过高的税负对未来的高质量发展和税收遵从也产生了很大的负面影响。这会导致实际获得的税收没有增加太多，却造成了对科技人员的误伤。

（二）经营所得尚未纳入综合所得

经营所得没有纳入综合所得范围，造成经营所得和劳动所得之间综合所得税负的不一致，这样会诱发避税，通过转换收入性质来达到避税的目的，突出表现为一些网络主播通过在税收洼地设工作室把劳动所得转化成经营所得，从而大大降低税负。因此，经营所得纳入综合所得，进一步扩大综合所得的范围势在必行。

（三）资本所得政策尚未调整

财产转让所得、财产租赁所得等资本所得的税率和费用扣除没有调整，无法发挥对资本的规范作用。从未来税负公平和税制现代化进行考量，这一方面亟须改革。

（四）定额扣除无法体现量能课税

现在的扣除方法主要是固定扣除，部分按比例扣除，但总的来说属于定额扣除。定额扣除往往不能及时调整，税法无法及时修改会导致变相加税的问题。另外，标准定得过低无法实现保障生存权和发展权的作用。

（五）对高收入人群的征管措施有待加强

对高收入者除了在税率上要有一些调节性的改革外，征管能否到位也是至关重要的，比如缺乏反避税的配套措施实际上并没有真正开展反避税工作，还有其他所得信息的获取，例如税收筹划等都可用于避税。

（六）调节分配和提升公平性功能降低

从功能上看，调节分配和提升公平性功能降低，并没有达到调节最高收入的效果。

（七）对创新和吸引人才激励不足

现行个税政策只增加了较高收入者税负，但对创新和人才激励相对不足。

（八）收入规模不高

个税只有规模大调节能力才能强，所以收入规模是发挥个人所得税调节的基础性因素。现在个人所得税在国家整体税收收入中大约占8%，这与发达国家不同。OECD国家的个人所得税规模都在百分之十几或百分之二十几。个人所得税的收入规模还涉及企业所得税的规模，在提升直接税比重中，真正发挥直接税功能的是个人所得税，所以OECD国家的个人所得税是企业所得税规模的三倍，而我国正好相反。因此，随着经济发展，所得税收入的结构以及整体税收收入的结构都要逐步调整。

三、国家治理视角下深化个税改革的新情况新要求

（一）国家治理现代化与财税改革

未来改革要从国家治理现代化的视角去考量，因为我们国家未来全面深化改革的总目标是推进国家治理体系和治理能力的现代化，要走中国式现代化发展道路。党的十八届三中全会提出财政是国家治理的基础和重要支柱，科学的财税体制有四项功能，即优化资源配置、维护市场统一、促进社会公平、实现国家长治久安。由此我们可以看到，财政的范畴、定位必须从传统上放在经济体制改革里的一个经济问题，拓展到政治、社会、文化、生态文明等国家治理的各个方面。只有这样来看财政，它才能真正担当起国家治理的基础和重要支柱作用。如果说它就是经济问题，那它的作用是有限的。在国家治理当中，财政不仅发挥经济功能，还发挥了政治功能、法治功能、社会功能。所以，党的二十大进一步提出了中国式现代化的本质，其中包括实现

高质量发展，发展全过程人民民主，实现全体人民共同富裕等，这些都与财税息息相关。

财政理财是为了治国，税收是国家治理依靠的经济来源。政府提供公共产品需要通过税收来投入，所以税收具有资源配置的职能。第二个就是税收的分配职能和再分配职能，当然，不仅靠税收，财政的转移支付、社保等都要发挥作用。现代国家被称为税收国家，所谓税收国家就是税收在现代国家中处于重要地位。税收是一个公共事务，属于公共范畴，所以它是国家和公民之间的纽带、机制和载体。对税收的收取、分配、使用就是一个国家公权力行使的过程，是一个国家民主法治的进步。它对深化市场化改革意义也很重大，税收表明我们要确立市场基础性的地位，政府通过收税来取得提供公共产品的资金，所以必须要确立市场的基础性地位，而不是国家分配论或者以前通过利润就可以达到的。所以税收的公平性、统一性，乃至适度的税收优惠，与促进经济转型、培育新动能、高质量发展都有关系。

（二）国家治理视角下深化个税改革的新要求

通过国家治理的视角分析如何进一步深化个税改革，需要把握以下几个新要求。

1.促进共同富裕赋予个人所得税新使命

个税要发挥作为最主要的直接税，在实现共同富裕、促进分配正义当中的关键作用，这方面个税承担的使命与增值税和其他税种不同。

2. 推动高质量发展要求个人所得税新担当

全面现代化必须要秉持新发展理念。对于科技领域、人才创新以及一些新的行业和业态，不仅要有一些税收优惠，而且要加大力度，通过税收更好地激励、布局，促进高质量发展，这对个税未来税收优惠的方向具有重要影响。

3. 数字化转型要求个人所得税回应新挑战

现在已经迈入了数字经济时代，据统计，中国的数字经济占GDP的比重已经接近50%。数字经济对税制的挑战是全面的、多方位的，这方面的挑战会越来越突显。当然，这不是说我们现在的税种、税收要素、税法的基本原则等要颠覆性改革，相反，当前整体上现行税制和理论是适应经济社会发展的。但是，就新税种而言，数字税有可能要作为一个新的税种。尤为重要的是，数字经济对我们现行税种的各个要素的适用、计量的挑战是巨大的。比如，个人所得税在平台上的收入类型怎么划分？主播的收入、微商的收入属于什么性质，属于经营所得还是什么所得？不仅个人所得税，还有增值税等都需要税种制度的回应。例如，税目的划分、调整，所得类型的界定，税率档次的调整、扩大，包括征管上的很多要求，特别是将来可能要赋予数字平台更多的征管义务等，都需要个人所得税法改革来弥补。

4. 完善现代税收制度要求个人所得税制度现代化

税制改革未来就是要建立现代税收制度，现代税收制度既要面向各国实践发展，又要面向各个国家现代化共同的趋势。比如，综合所得要扩大范围；建立资本利得概念；完善汇算清缴；反避税制度、税率制度需要完善；扣除制度要与税收公平、税收法定、税收效率的要求相匹配，让个税能更好地发挥在现代国家治理中的重要作用。经济数字化转型、人类向更高的文明迈进，赋予个人所得税更重要的使命。所以，个人所得税是未来我国整体税收体系发展过程中最具有生命力的，尽管它现在不是第一大税种。因为经济在变革，人类社会面临百年变局，税种也必须有一个新陈代谢的过程。

四、深化个税改革的目标和功能

（一）目标宗旨：建立现代个人所得税制度

个税改革未来的宗旨概括来说就是建立现代个人所得税制度。“现代”两个字的内涵是丰富的、是科学的，这里面要求我们要特别从三个角度来看现代个人所得税制度的建立。

第一，要在国家治理层面上推进，这也是我这次讲座的一个侧重点，就是不仅仅把它看作一个经济问题，要在整个国家治理中去拓展个税的使命。

第二，现在的个人所得税从课税模式上来说，就是要建立以综合所得为主的课税模式，可能不会设计一个完全的综合所得，在国际上也并没有100%使用综合所得，还有很多实行二元所得税。但是，以综合所得作为税制的基础是现在个人所得税的一个核心特征，因为个税要发挥调节分配的功能，必须要按年汇总、合并纳税，把各种类型的所得汇总在一起，适用累进税率，才能达到纵向调节的效果。计税原理决定了计税方法，个税的功能定位决定了综合所得在其课税模式中的核心地位，所以将来要扩大综合所得的范围。

第三，要逐步扩大个税收入规模。如果没有规模，它的功能发挥是有限的，所以需要培育个税的主体税种地位。

（二）功能定位：提升个税再分配功能和国家治理功能

从功能定位上来看，核心是提升它的再分配功能和国家治理功能。第一是筹集收入的功能。这是个税的固有功能，也是所有税收固有的功能。而个税是一个大众税、主体税，它将来会作为主体税种予以建设。第二就是分配的功能。目前国际上面临的许多问题，都是由分配、公平的问题引起的。所以习近平总书记在中央财经委员会工作会议上讲到，共同富裕是社会主义的本质要求，是中国式现代化的重要特征，要求在高质量发展中促进共同富裕。共同富裕是发展的道路，想要实现共同富裕需要很多方面的制度完善，税收制度在其中应当起关键的作用。税收制度也是多方面的，个税在再分配制度中应发挥核心作用。党的二十大明确加大税收、社会保障、转移支付的调节力度，特别讲到要完善个人所得税制度，规范收入分配秩序，规范财富积累机制，保护合法收入，调节过高收入，取缔非法收入。“十四五”规划也讲到优化税制结构，健全直接税体系，适当提高直接税比重，完善个人所得税制度，推进扩大综合征收的范围，优化税率结构。所以分配功能是个税功能的核心所在。保障民生功能，对我们的生存权乃至于发展权都有重要的影响，对促进科技创新和适应毕业人才有重要作用。

个税在法治方面，有利于推进民主法制、社会转型，并且通过提高公民纳税人意识，达到培育现代公民的目的。一个国家的财政想要透明，就要有现代的财政制度，而个税制度是透明财政的关键。如果只想关注组织收入的功能，可能间接税、增值税就足够了。但是这么做将会引发很多问题，所以要对税收结构进行优化。

五、深化个税改革的热点问题分析

个税改革现如今备受社会的期待，所以我认为加强这方面的讨论研究是十分必要的。个税深化改革内容是丰富的，任务也是艰巨的。

（一）采纳“增值说”所得理论，扩大应税所得范围

关于扩大应税所得范围，现在各个国家采纳的应税所得的一个基本理论，就是所谓的“增值说”。“增值说”的意思是，只要增加了纳税人的货币能力，经济力量，那么它就应当被确定为应税所得。当然这个观点需要排除一些其他政策的考量，才能更符合量能课税原则，更符合组织财政收入的功能。现如今，我们并没有对应税所得下个定义，目前只是一个列举，所以未来这一块的修订将按照扩大应税所得范围的原则，在法律上对应税所得的定义有一个更深层次的完善，比如下一个定义。我们的定义应当采取概括加列举的方法，既对它的特征进行定性，也要正列举一些所得，同时反向排除一些所得，例如不征税所得、免税所得。通过这种定义模式，来科学地确定应税所得的

定义，使应税所得的概念更加包容和开放。

（二）扩大综合所得征税范围

当务之急是要把经营所得纳入综合所得，因为经营所得有劳动所得的性质。它和纯粹的劳动所得有一定区别，是资本和劳动的结合。从国际上看，绝大部分国家都把经营所得纳入了综合所得的范围。从征管可行性上来看，经营所得已经在实行查账征收或者汇算清缴，所以纳入后并不会增加征管的负担，并且经营所得的加入，能解决很多问题。因为综合所得越大，转换收入类型、性质来避税的可能性就越困难。但是也有一些问题需要调整，比如涉及与经营所得税率的关系，一些优惠政策的关系等，这都可以在未来解决，并不会成为障碍。现如今，经营所得有35%的税率，如果我国将劳动所得调低，那么上面谈到的问题就解决了。未来还要把财产转让所得、利息、股息及红利所得也纳入综合所得的范围，我们还要对一些特殊所得给予特殊的税收待遇来实现特定的政策目标。

（三）完善资本所得课税制度

现如今，在中国个税的税负结构当中，劳动所得的税负的确是偏高的。目前山东大学李文教授曾对不同类型的所得，如劳动所得、资本所得，以及不同收入群体的税负做了一些实证研究，可以看到一部分劳动收入的递减，劳动要素的税负增加。而资本的税负增幅比例过低，企业的税负、国家的税负过高，都与资本所得课税制度的不完善有很大的关系。其中，资本所得的法定税率比较低，只有20%，另外，一些项目享受一定的免税政策，例如股票转让所得的免税、上市公司股息红利的减免等，基金方面也有一些免税政策。所以资本所得未来的改革是党的二十大提出的要求，改革内容是丰富的，改革初期的影响也是多方面的。我们要在个税法中确立资本利得的概念，资本利得跟资本所得不是一个概念，跟财产转让所得也不是一个概念。未来要对资本利得给予一个特殊的税收政策配置。当然，这首先需要建立其概念、设置单独的税率，对长期以及短期、大额以及小额进行区分。对一些以投机为主的资本所得要适当加大分配调节力度，也要进一步发挥资本要素在推动经济发展以及提升个税竞争力方面的重要作用，处理好公平和效率的关系。关注资本税制的建构，需要一些理想主义的考虑，也要有现实主义，要有国内问题的思考，也要有国际背景的观察。这对政策法律的制定有很高的要求，需要审慎研究。

（四）扩大税率级距，降低最高边际税率

关于税率问题，最重要的是综合所得最高边际税率要适度降低，这对个税功能有重大影响。现在45%的税率有必要考虑降低，但税收收入不见得会减少，因为税率降低后，税收遵从会提高；另外，降低了税率，鼓励了劳动和投资，促进了就业，税基会扩大。实行宽税基低税率的税制，就是要综合考量各方面的因素。降低最高边际税率具有两种路径，包括直接降或者是间接降，另外要考虑扩大征收范围等，

包括资本税制改革的综合考虑，有很多需要考虑之处。在税率结构方面，美国的个税税率有10%、12%、22%、24%、32%、35%、37%几档，我国的税率都是整数，美国和我国不同，这背后有什么考量？我曾经做了一些研究，可以看到美国的税率第一档和第二档相差不大，只相差2%，但是到第三档就增加了10%，然后到第四档税率24%和22%相差很小，但是再到第五档32%，增加了8%，再往上走增加的也很少。美国是7级税率，我把它分三类，分为低收入者的两个税率——10%和12%，适用于中等收入者的税率为22%和24%，以及适用于高收入者的税率水平32%、35%、37%，低收入者适用两档税率但差别不大，这就意味着低收入者的收入差别不大，因此税率差别也不大。但是从低收入者变成了中产阶级，税负会有较大提高。如果同为中产阶级但收入略高，税率差别也不大。但是如果变成富人，税率就又要提升一个档，从24%到32%，大约也提高了10%。如果同为富人，税率的差别也不是很大，所以我觉得它的税率是按照这样考量的。我觉得我国的税率有些过于简单化，我们并不考量背后的群体和要达到的调解目的，我们中等税率的对象是否是中产阶级，这个方面要和级距结合起来进行设计。我建议未来把我国个税的最高税率降到33%或35%，也将其分成三类，一是低收入人群适用3%和10%，中产阶级对应的税率是20%和23%，高收入人群是31%和33%，这是我的设计。另外，要考虑税率所对应的级距，也就是应纳税所得额的范围，这也是非常重要的，它对税负水平实际上影响很大，所以这里面有很多值得我们研究的地方。

（五）完善费用扣除制度

包含两个方面，一是对生计费用，要按照保障民生的原则来确定生计费用扣除的额度。随着经济的发展、物价的上涨，要适度提高，但总的来说要有一个限额，只能在考虑财政的可承受问题、经济社会发展的阶段问题基础上逐步进行完善。比如对扣除项目进行添加，考虑残疾人、老人等人群，对一孩、二孩、三孩进行区分等，这些都可以考虑，将我国人口问题、老龄化问题都纳入考量。完善费用扣除的方法，可考虑固定扣除与据实扣除选择适用。另外就是成本费用的扣除，如今的成本费用扣除制度不健全，主要是对劳务报酬、特许权使用费、稿酬采取20%的比例扣除，这部分有必要进行完善，如果不完善，可能出现不公平、不合理的问题。

（六）建立税收指数化的动态调整机制，消除通货膨胀对税负增加的影响

我国现在缺乏该机制，主要是通过修改个税法来进行调整，但是修法不可能每年进行，法律具有稳定性，如果不及时提高扣除的标准就会出现税负的增长，被称作税率爬升效应。因为物价是不断上涨的，且上涨是常态，经济和物价在波动的时候，效应可能会更大，所以扣除，特别是基本费用的扣除与物价上涨和CPI挂钩，要作为一个制度性的安排，每年都需要做调整，我认为这个是可以短期推进的改革。

（七）实行综合抵免（参股免税）等，促进个人境外投资

允许不同国家之间的境外所得和亏损相互抵免，这有助于提升税制国家在国际上的竞争力和影响力。

（八）允许以家庭为申报单位，增加个税公平性和防止避税

目前我国是以个人为单位申报，这种方式确实简单一些，它对征管的要求比较低，但是它会出现很多问题，主要是会出现不公平的情况，因为它不能充分、全面地反映家庭的支出情况，比如说赡养老人、抚养小孩、教育住房这些支出；不能反映家庭的收入结构，对于每个家庭而言，家庭成员的收入情况都是不一样的，有的家庭一个人所获得的工资和另一个家庭两个人获得的报酬是一样的，但适用的税率可能差别很大，这样就容易引发避税问题。所以有必要允许以家庭为申报单位，但“允许”并不代表“只能”实行家庭申报，而是由纳税人根据情况选择，这也和国际上的做法相符合。要考虑自身的家庭是什么样的家庭，单一的家庭还是复合的。以家庭为申报单位对收入信息的取得、对征管能力提出了很高的要求，还需要其他部门配合。但是，家庭申报也不是非常完美的，家庭里有一些优惠，或者有一些扣除可能会被规避，最后造成累退效应。所以不能说家庭申报一定会很大程度上提升公平性，它只是提升公平的一个因素，将来还要有选择性，可以选择多种申报方法。

（九）解决经济性重复征税问题，减轻中小企业及其投资者税负

我国现在的个人所得税是古典制，因此没有一个根本上消除经济性重复征税的制度。个人所得税和企业所得税并行开征，其合理性理论上一直存在争论，但实际情况是各国一般同时开征两个所得税。不过，各国都采取不同的方法方式来消除或者缓解重复征税，因为这种重复征税的确有不合理性，加大税负负担。我国是典型的案例，现在实行两个所得税税负，其综合税负是40%。所以针对这一情况将来要采取一些方法来解决，这个方法也有很多，比如从企业层面和个人层面采取不同的方法，也可以借鉴美国中小企业选择交所得税的做法，允许其在缴纳两个所得税时选择之一，减少中小企业的负担。实际上这部分也涉及个人所得税的合伙税制的完善问题。我国在这方面未来也还是有改革的空间，对于合伙制企业，现在虽然不交企业所得税，但是它实际上存在一些不合理的地方，这表现为创投企业税负过高，一律都按照经营所得来处理的确不合理，而且对有限合伙人而言，按照经营所得征税的确不具有合理性。

（十）清理规范税收优惠

首先要明确优惠的导向，制定合理的目标，对于哪些企业才给予税收优惠；其次是方法，通过什么样的方法来进行优惠，优惠的方法很重要，方法不正确就不能达到预期效果。目前税收优惠的方法都是

通过政策文件，这可能出现很多问题，甚至不合法的问题。

（十一）健全反避税配套规则

现在个税法有反避税条款，但是它只是个基本的原则，并没有配套规则，比如关联关系，其有一整套的配套规则，但目前个税法里并没有涉及，必然妨碍反个税避税工作的开展。现实生活中很多避税按照偷税来处理，有一些是值得考量的，因为偷税和避税所承担的法律责任是完全不同的。所以反避税配套规则的完善，涉及纳税人权益、税收的确定性、营商环境、税制竞争力，更涉及我们国家的国际影响力。

（十二）建立弃籍税制度

现在有很多富人选择移民，移民有多种目的，其中一些目的就是出于避税的考虑，所以目前很多发达国家已经建立了弃籍税制度，而我国现在的投资移民规模很大，这对于我国税收制度的侵蚀、国家税收主权的维护都造成了很大的负面影响。弃籍税制度不是惩罚性质的，而是维护税法的统一、公平适用，一般不会影响迁徙自由。

（十三）完善年度汇算清缴制度，健全自然人征管制度和涉税信息提供制度，强化高收入人群税收管理

现行汇算清缴制度是很成功的，特别是其预填报制度是非常值得肯定的，由税务机关向纳税人预填申报表，减轻纳税人的办税负担，

但是也对纳税人在税收活动中的参与度有负面的影响，因为报税很简单，并不需要对税收过多关注。所以在实现便捷性的同时，要激发纳税人的主体性，让他参与到国家税收活动当中，乃至于国家权力运行、政府职能的行使、公共管理活动当中。另外，个税信息共享制度需要进一步加强。

（十四）落实税收法定原则，优化个税法立法模式

个税改革还要坚持税收法定原则的要求，对基本的税收要素还是要由法律来规定。要把个税法的实施条例和其他配套的规范性文件进行体系化，个税法本身也要划分章节等，以提升体系化、科学化水平。

总之，个税深化改革已经摆在我们面前，已经提上了国家的重要议事日程，但是有很多的议题和问题还需要深入研究。

互动环节

◎ 提问一：

在税收征管过程中，税收的行政协助是一个很重要的问题。但是，在我国的税收行政实践中，法律法规并未明确税收行政协助的概念。同时，我国的行政程序法好像还没有完全建立，在这方面也没有相关的规定。请问是什么原因导致了行政协助和行政程序法目前没有相关规定，或者是可能存在着什么障碍？

◎ **回答：**

我们国家目前没有行政程序法，虽然有部分省已经制定了，但是国家层面的还没有，所以很多行政的基本制度是缺失的。在行政程序制度中非常重要的行政协助制度，在我们国家也是比较滞后的，比如各个部门存在各自为政的现象。而在税收征管法中只有一个弹性的条款，规定其他部门、单位或个人都要协助税务机关征税，但具体的协助方法、手段和程序都没有规定，也没有规定不协助是否要承担责任。因此，现行的税收征管法并没有建立一个具有约束力的税收征管行政协助。

目前，在税收征管法修订的过程中面临的一个非常困难的问题是，第三方涉税信息的提供和共享，以及其他部门对税务机关征税行为的行政协助。税收的现代化必须要实行税收共治，光靠税务机关这一个部门是没有办法来应对现代税收征收的，所以这个问题是个难点问题。

◎ **提问二：**

在数字经济背景下有很多新业态就业，例如一些企业通过平台获得灵活用工，请问如何规范征税和进行管理？

◎ **回答：**

共享经济平台涉及很多问题，有实体法的问题，有征管的问题，有个人所得税问题，也有增值税等问题，这里主要讨论和个人所得税相关的问题。

首先，要明确灵活用工的法律关系——自然人跟平台或者跟平台上其他服务机构之间有没有劳动关系。实践中，要明确灵活用工的法律关系，与平台之间或者与平台上其他服务机构之间是否有劳动关系。有劳动关系时取得是劳动性质的工资薪金所得，没有劳动关系时该个体为独立劳动者，取得的是劳务报酬。所以，这就会涉及所得的性质，以及税负问题、税率的问题乃至于扣缴义务人是谁的问题。其次，就是在程序上如何征税，是纳税人自己缴税还是委托平台代缴？所以，现在的扣缴制度很有必要进行完善。最后，平台的信息报送义务，以及平台中的灵活用工者登记义务，这些都是要面临的问题。

◎ 提问三：

以家庭为单位征收个人所得税造成累退性的因素有哪些？在当前的背景下，如何提升个人所得税的横向公平？

◎ 回答：

家庭有很多不同的扣除，但当普通家庭不知道如何积极申报时，就会出现累退性。另外，不同家庭的结构不一样，成员之间的收入可能会存在差距，有的成员可能没有收入，所以税率表的设计要考虑到这些问题，例如美国有单身申报和联合申报，两者税率不一样，但是它很难精细化地兼顾到差异。将来申报单位增加，选择适用可能导致一些纳税人选择一种方式交税比另外一种方式更有利。所以会有一些累退的因素。因此从国际上看，对于家庭申报很多国家都有反复，很多国家现在允许在多种申报方式选择。从家庭申报的效果来看，对公平性的效果并没有那么凸显。实际上我国现在的分类所得，专项附加扣除，就考虑了家庭因素，考虑了家庭各个方面的支出，当然它没有以家庭为单位，所以现在的申报方式下，的确难以做到家庭申报时对某些方面公平性的考虑，所以没有一种方式是绝对最好的。

关于提升个税的横向公平，横向公平就是所得相同的人要适用同样的税率。我国劳动所得适用累进税率，当然累进税率不一定高于资本所得的比例税率，如果劳动所得低，税率可能达不到20%，资本所得税率就是统一的20%。所以两者之间的横向公平我们要追求，但不是绝对的，要兼顾效率。资本所得将来也要分类型，不是所有资本所得在任何情况下都采取统一的比例税率，要分情况制定规则，有一些可能归入普通所得，有一些可能要免税，甚至资本所得里也可以适度设计累进税率等，所以横向公平也要从多个因素进行考量。

◎ 提问四：

是否只要国家存在，税收就一定不会消失？

◎ 回答：

应当是可以这样说的，因为国家是个公共组织，要履行公共职能，提供公共产品、公共服务。国家需要税收来补偿该成本，因为政府配置资源和市场配置资源是不一样的，所以我们要发挥市场的基础性作用，政府公共服务的配置就需要税收，通过政治程序和公共选择机制来配置。另外，不从经济层面上讲，税收在国家治理的关系当中运行，还会发挥提供公共产品以外的其他作用，即资源配置以外的职能，比如分配问题，可能需要政府的手段，广义上分配调节是一种公共产品。如果未来国家没有了，也会有其他公共组织，因为人都要有公共需求，可能就有类似的范畴或者机制进行保障。税收或者类似税收这样的一个范畴，它会伴随着人类社会长久地存在。

刘元春

经济学博士，现任上海财经大学校长、党委副书记、教授、博士生导师，是我国开放宏观经济学领域的著名学者，国家级人才项目特聘教授，兼任教育部公共管理类专业教学指导委员会副主任委员，中国国际经济交流中心副理事长等，是全国第十四届规划委员会委员，中国经济50人论坛成员，中国金融40人论坛成员，在《中国社会科学》《经济研究》《人民日报》《求是》等报刊发表论文400余篇，出版著作10余部，获得第十届和第十一届孙冶方经济学奖，北京市哲学社会科学优秀成果一等奖等，多次出席国家经济形势专家座谈会，为国家宏观经济决策作出重要的贡献。

第九讲 中央经济工作会议与中国宏观经济政策再定位*

内容提要

2023年经济回升向好，而当前和未来还面临着有效需求不足、部分行业产能过剩、社会预期偏弱等的问题，必须把坚持高质量发展作为新时代的硬道理，将国内大循环建立在内需主动力的基础上，进行深层次的改革开放，不断解放发展生产力，坚持高质量发展和高水平安全良性互动，把推进中国式现代化作为最大的政治；关于明年工作推进的总要求中强调要推动高水平科技自立自强，切实增强经济活力、防范化解风险、改善社会预期、巩固和增强回升向好的趋势，2024年中国经济的基本基调为“稳中求进、以进促稳、先立后破”，抓好“稳预期、稳增长、稳就业”的核心目标，同时做好宏观经济政策定位，强化宏观政策逆周期和跨周期调节，继续实施积极的财政政策和稳健的货币政策，加强政策工具创新和协调配合，关注政策的一致性；做好中央经济工作会议上指出的以科技创新引领现代化产业体系建设、着力扩大国内需求、深化重点领域改革等九大重点工作。

* 这是刘元春教授2023年12月30日在国家预算治理大讲堂的演讲稿，根据录音整理，并经本人审阅。

中央经济工作会议报告一般包括五个部分：一是对当年国内经济成绩进行全面总结，对于当前面临的各种问题进行梳理；二是对于国际环境进行梳理，提出理性认识国际环境的原则；三是明确来年经济工作的总体要求，明确来年经济发展的主要预期目标，确定完成目标的工作步调和政策定位；四是部署来年的经济工作重点任务；五是强化工作的落实与加强党对经济工作的全面领导。

一、2023年中国经济的总结

（一）经济形势“回升向好”

中共中央政治局每季度都会对经济形势进行全面总结。4月的总结指出，疫情政策转段之后经济形势超预期复苏，但第二季度中国经济回升的态势发生了变化，导致政治局对于经济形势的总结改成：波浪中前进，曲折中发展。11月，政治局会议没有按期举行，而是在中央经济工作会议前夕举办，对于经济形势也进行了研判，这个研判与今年的中央经济工作会议大致一致——用“回升向好”四个字来总结。“回升向好”主要指经济增长速度估计全年能够达到5.2%，使今年中国GDP总量能够达到126.4万亿元左右的水平，比去年经济工作会议设定的5%左右的增长目标略高，完成了预期的任务。当然，任务的完成还不完全，因为去年制定的经济增长目标，还包括物价水平、失业率、国际收支等状况。失业率和国际收支都顺利达标，但物价水平可能与预计3%的目标值存在相当大的差距，这也说明“回升向好”还面临着一系列的挑战。

进一步细分可以看到，对于中央经济形势的研判可在结构上进行深入分析。

1.供给端修复较好，工业比服务业修复更快

从目前两年平均来看，到11月，我国工业增加值的增速达到4.4%，略低于历史平均水平。但从服务业生产指数来看，两年平均指数的增长速度只有1.6%，与通常时期5%—6%的状况存在较大差距。目前经济修复的情况可以简单总结成：工业修复基本达到常态，但是服务业第三产业的修复还有相当长的一段距离。这决定了2024年是我国服务业深度修复的一年，也决定了很多政策设计需要在服务业的修复上下功夫。

2.需求端在不均衡中修复，需求不足现象依然明显

在需求端尤其是“三驾马车”的修复里，社会零售品销售总额的修复比预期要好，但依然有一些差距，因为用社会零售品销售来度量消费还存在缺陷，很重要的一点是因为对服务业的消费没有统计在内，主要反映的是制成品消费的修复。

固定投资的增速持续回落，10月和11月增长速度出现了触底，很重要的原因在于目前以制造业、高新技术为主体的投资出现了较好的修复，但是房地产投资依然呈现出十分低迷的状况。民间投资的增长一路下滑，在11月开始出现了相对稳定的触底状况。通过民间投资的结构打开研究视角之后会发现，民间投资在各个行业里出现了明显的分化，民间投资下降幅度最大的依然是房地产，然后是服务业第三产业，而制造业、高新技术行业的民间投资呈现出持续蓬勃向上的状况。民间投资在制造业的增长速度达到了8%左右，高新技术的投资达到了14%左右。因此，不能简单化地用资本躺平来说明我国民间投资预期转弱、信心不足、持续下滑的态势。因为民间资本对好项目是愿意投资的，并不是有利不图，投资回落很重要的原因还是在于房地产的拖累，以及服务业的修复尚未如火如荼进行，部分中小企业的盈利能力疲软，没有能力也没有意愿进行扩大生产。因此，在研究投资政策时，不能简单地被资本躺平的说法迷惑，不同规模、不同行业、不同区域、不同年龄层段的企业家所面临的冲击、信心、预期是分化的，要将这种分化的信心和预期作为管理的重点。

三驾马车里比较受关注的是出口。在疫情期间，尤其是2020—2021年，出口是中国经济能够抵御疫情冲击很重要的一个支柱。在这两年里，出口增长速度都达到了两位数，但是到了2021年下半年，特别是2022年与2023年，出口增长状况发生了变化，在2023年的4月与5月出现大幅度下滑，呈现出负增长，这与整个外部环境的变化以及金融国际资本的流动有很大关联。

3.各类价格指数说明产品缺口和需求不足的状态

从各类价格数据可以充分地看到中国经济存在负向产出缺口，并且有扩大的趋势。需求不足的问题依然是当下需要解决的一个重点。

从宏观经济学中描述通货膨胀指数的指标来看，目前CPI出现明显回落，并且在持续回落过程中，不仅是能源和食品价格出现了回落，其他商品和服务的价格也在回落。在CPI中剔除这两大因素后，核心CPI回落也十分明显，从去年的1.2%左右回落到今年的-0.8%。如果从PPI的角度进行观察，PPI虽然在四季度有一个明显抬升，但是在过去最低达到了-3%，工业品出厂价格指数持续下跌，表明的确在工业品的供需上出现了明显的失衡。再者，GDP平减指数到三季度为止，为-1.16%。在过去一年多，全球通货膨胀的压力很大，而中国的价格形势持续回落，目前需求不足的问题依然严重，产出的负向缺口扩大，这是目前的一个需要重点解决的问题。

4. 定基指数表明近些年与趋势性增长轨迹存在一定缺口

从经济增长情况来看，在过去这些年中，2020年的疫情导致偏离了均衡增长的趋势。在去年的疫情基础上，同样偏离了这个增长的趋势，2021年中国经济的修复效果较好，并且快速回到了轨道之中。从2022年和2023年的情况来看，目前的这个复苏处于波浪式发展、曲折中前进的过程中，还没有出现线性的快速向趋势值靠拢的状况，我们应当在回归趋势增速这些方面进行加力。

5. 各经济参数与2019年同期比大部分已回到疫情前水平

如果将2023年的各种经济参数与疫情前的参数进行比较，可以观察到大部分的参数已经回升到疫情之前，比如工业增加值是2019年的1.3倍，建筑业是1.26倍，房地产是1.08倍，但房地产在2020年、2021年上半年都呈现出非常景气的状况。2021年房地产销售达到了历史新高，基本接近17.6万亿元，房地产的调整是从2021年下半年开始的，2022—2023年出现了深度的下滑，金融业是在各个行业中恢复最好的。但是投资出现了三年持续的回落，只是达到2019年的80%的水平，民间投资达到70%多的水平。投资修复是回到常态的重点发力点。投资修复的阻力在什么呢？第一个是房地产投资持续收缩，第二个是第三产业的投资疲软，第三个是外资的外逃，这几大板块可能是关注的一些重点。

6.三大主体的绩效指标持续改善

首先政府收入，从公共预算的角度来看，目前出现了持续修复的状况。前11个月，预算内收入的累计增长速度已经达到了7.9%，比名义GDP的增长更快，税收到今年年底同比增长也超过了两位数，在去年的低基数的基础上，税收的修复状况是较好的。在广义政府收入方面，即四本账都加总在一起的政府收入，实际上可能就比预期要差，尤其是政府基金类收入，1—11月，政府基金的收入同比下滑13%左右，把公共预算和基金收入加总在一起，整个政府收入只是略微正增长，但是正增长也为经济创造了很好的基础。中央财政收入的状况相对较好，但地方政府广义财政收入下滑较大，同时各省的分化也很大，这是研究2024年中国财政的一个很重要的基础。

对于个人来讲，居民收入出现了修复状况，特别是可支配收入的中位数，2023年三季度同比增长5.4%，农村修复更快。从工资和薪酬来看，目前2023年在修复过程中，到了第三季度实际上呈现出一些疲态，而不是所想象的持续上扬，因此要深度研究。各部门的薪酬、国有企业的薪酬、大型企业的薪酬以及中小企业工人工资的变化中，2023年二季度出现了一些变异，局部地区的政府公务员的工资出现了一些问题，同时一些平台公司、金融公司的减薪也成了大家关注的一个焦点。对于特殊群体——农民工，目前通过国家统计局的数据来看，农民工的工资水平处于一个相对稳定的状态，已经改变2022年年底农民工工资持续下滑的态势。从这个角度看，总体上得到了改善，但是改善的幅度与预期的幅度略有差异。不过由于居民的财富缩水较大，引发居民的总体财富收入的微观体感很差，信心不足。

从企业来看，目前企业亏损总额在持续下降，特别是规模以上工业企业利润总额累计下降幅度到11月已经从原来的–40%左右收缩到–4.4%，从单月增速角度看，从8月开始已经连续三个月出现正增长，只要利润出现正增长，有持续盈利的空间，经济向好的基础就会进一步地夯实。进一步从5000户工业企业资产负债率、流动比率和速动比率的变化来看，资产负债的状况处于持续去杠杆的过程，同时一些流动性指标也在有所改善。从这个角度来看，经济复苏比较艰难的时刻已经渡过，经济持续向好的基础在不断夯实。

7.横纵向比较说明中国向好回升态势已经形成

从纵向、横向进行比较，一方面，从趋势值来看，特别是从GDP环比增长速度来看，它在一个持续的抬升过程中，从高频数据所反映的情况来看，由于去年是按三四季度的基数效应来研究，所以今年很有可能四季度有一个超预期的过程；从横向比较，OECD估计的全世界预期的2023年增长速度是2.9%，我国高出了2.3个百分点。大国之间的比较中要注意区分环比和同比增长，实际增长是剔除通货膨胀的，但对于GDP大国之间的比较，实际上包含了通货膨胀的因素，包含着汇率因素，所以，美国的GDP有可能从2021年的76.25%回落到70%，这是很正常的。日本最近经济复苏很好，但是日本人均GDP按美元测算实际下滑了10%，因为日元对美元在过去一年里最高贬值达20%以上，人民币最高贬值了15%，在习近平总书记访美后该数据又出现了全面回升，估计2023年人民币对美元总体贬值幅度在6%左右，再加上通货膨胀的差异，中美GDP之比实际上包含了10%的价格因素，剔除该因素后，中国在制造业、在实体经济上的增长在过去一年中大于美国，大国中增速唯一超过我国的是印度。另一方面，全球贸易增长是1.1%，中国的全年的贸易增长为1.3%—1.5%，略高于世界的平均水平。

如果把这些经济参数进行比较，可以观察到中国经济复苏虽一波三折，改变了过去“V”形反弹的态势，呈现出在波浪中前进、曲折中发展的这种态势，但最终来讲，持续回升向好的态势是稳固的，与历史和世界相比，其表现可圈可点。从这些参数大致观察出，中共中央政治局对于经济形势的总结不是一个简单化的政治产物，而是有坚实的数据基础和学理基础的。

（二）当前和未来面临的几大问题

中央经济工作会议不仅从总量结构对去年取得的成绩给出总结，同时也会对当前和未来面临的问题给出总结。中央经济工作会议提出了六大问题：第一个是有效需求不足，第二个是部分行业产能过剩，第三个是社会预期偏弱，第四个是风险隐患仍然较多，第五个是国内大循环存在堵点，第六个是外部环境的复杂性、严峻性、不确定性上升。

1.有效需求不足

需求主要体现在投资需求不足。三驾马车都出现了在疫后修复时所呈现的一些压力。这其中包括消费，因为消费中间修复最好的是餐饮，所以在剔除餐饮之后，其他的修复还面临着很大的压力。

2.部分行业产能过剩

我国不仅面临传统工业行业、重化工行业等旧产能的过剩问题，同时还面临着新兴产业产能过剩的压力。目前，新能源汽车、锂电池、光伏设备等投资大规模上涨，产能大幅度提升，而需求的速度远远比不上供给的速度。中国在新兴产业里会不会出现新一轮的产能问题，主要取决于两个因素：第一个因素是这些年全面投资所出现的新的竞争格局，在短期会不会淘汰一部分的产能，形成更大规模的产业体系和生产体系，从而使中国在新兴产业商业化过程中成本大幅度地下降，技术进一步地提升。这是很重要的，因为这是中国竞争力的所在。第二个因素是新兴产业在中国和全世界的渗透率。如汽车，欧洲、东亚等地能看到大量的中国生产的新能源汽车，这个渗透率很快，只要全球渗透率和中国的出口速度持续大幅度地提升，热议的新兴产业产能过剩的问题就能得到很好的解决，大规模定制，大幅度降成本，大规模地进行技术提升的这种态势，就会成为弯道超车的成功范例，这需要进一步观察研究。目前可以看到新能源汽车截至6月底已经达到1620万辆，而它的整个产销比重基本上是持平的，所以这种现象目前还不足多虑，但是要有一些中远期的战略考虑。

3. 社会预期偏弱

这是各类指标低迷的关键。消费者预期指数、满意指数、信心指数在今年一季度出现了快速的提升之后，二季度、三季度又出现了下降。房地产景气指数基本上是一路下行，这里信心问题很重要，这些问题不能简单化。因为投资信心、消费信心以及整个出口的预期是很复杂，呈现出多元的状况。实际上对于预期的调整，可能需要一些新的思考。银行家和企业家信心指数虽然第一季度时在一定程度上有所改善，但是二季度、三季度仍旧是低迷的。

4. 风险隐患仍然较多

（1）大量的房地产企业依然存在着高负债、流动性偏紧、债务违约的风险。虽然目前美元债的规模大幅度下降，但是由于流动性的收缩以及债务周期的问题，实际上依然面临着压力。另外，房地产面临的最为核心的问题是预期转弱导致销售下滑，导致房地产的资金回笼速度大幅度下滑，从而引发房地产开发企业在资金的供应端与资金支出的需求端不匹配，进一步导致房地产开发企业流动性危机。而该流动性危机进一步引发保交楼的问题和市场信心的问题，导致市场的回落，回落也会产生持续的风险传递的作用。房地产首先是一个基础参数变化，导致房地产供求发生根本性的变化，但是这个变化不是贷款者出现破产，而是开发商出现问题。开发商很重要的问题是在于当房地产价格上升的预期，土地价格上升的预期出现逆转之后，2010年左右所构建出来的高杠杆、高债务和高流转的三高模式出现全面破产。因此，房地产首先看到的是流动性的危机，然后才是债务蔓延的问题。从目前来看，由于房地产的资金到位率依然是负增长，为-13.4%，所以房地产的压力还没有完全缓解。与此同时还会看到一线、二线、三线房地产的价格依然面临着不增长的压力，同时挂售比大幅度上扬。所以房地产虽然在各种政策的扶持下有所缓解，已经渡过了艰难期，但是风险还没有真正地解除，甚至在一些局部时期还会有一些波动。

(2) 地方政府的债务风险。今年IMF对于中国地方政府的债务问题提出了严重的警告，认为中国的地方政府和中央政府的债务加总之后超过了130万亿元，总体政府债务率达到了110%，但该观点存在很大的问题。地方政府债务的测算口径是什么，尤其是投融资平台的一些债务和隐性债务如何计算，这些在理论上目前存在着很大分歧。我们认为中国的总体政府债务率是50.4%，依然在很安全的位置上，当然也要认识到投融资平台和一些隐形债务的问题。可以看到像贵州、青海、云南等地，包括经济比较发达的一些区域，债务率都对于持续发展带来了很大困难。由于债务率相对较高，导致债务还本付息的压力很大，债务付息的比重已经跟土地净收入的规模开始持平了，这是要重点思考的一个问题。

(3) 中小银行风险。中央银行对于中小银行会进行评级，一般认为评级在8级到D级的银行就是问题银行、风险银行。根据2021年四季度央行评级结果分布情况来看，8级是91个行，9级是157个行，10级是64个行，D级是4个行，到2023年二季度，8级上升了32个，9级下降了4个，10级下降了3个，D级下降了4个，整体状态有所缓解。目前中央金融工作会议和中央经济工作会议对于中小银行所面临的一些问题进行了专门的讨论，因为这是地方金融面临的最大难题，也有可能会产生一些局部冲击。最近很多地方都在对城商行进行合并，希望通过议和解决问题。但事实上是，中小银行不仅存在着战略布局的问题，同时存在着主营业务布局不全、内部治理体系经营能力不足的这些问题。

（4）股市、债市、汇市动荡。2023年二季度其同步震荡引起了大量关注，其中最为重要的是美国和中国国债收益率的利差导致的。因为美国基准利率从0—0.25%持续上升到5.25%—5.5%，而我国的利率从4.8%持续下降到4.55%的水平，这直接导致大量的资本外逃，特别是FDI在今年出现了负增长，这直接反映了人民币汇率的承压，从2022年最低的6.3，持续出现贬值，一度超过了7.5。最近随着习近平总书记访美后，一些非经济性的风险大幅下降，人民币大幅度恢复了它的实力，但是明年人民币汇率会持续升值是难以预测的。因为明年依然是世界风险频发、地缘政治变异的一年，明年有50多个国家同步进入大选，这势必会带来政治性的变异。股市也出现了一些压力，从3400多点一直跌破了3000点，这也需要大量关注。金融市场的稳定是我们投资者和居民信心稳定的基础之一，而如何稳定金融市场，实际上也是整个金融政策的关键。

风险还包括国内大循环的堵点和不利的外部形势。习近平总书记曾经谈到过在新发展格局的建设中，国内大循环要保持高效和顺畅是我们很重要的标准，如果存在着明显的短板，特别是一些关键物资、关键设施的短缺，可能就是国内大循环的一些堵点，“十四五”规划总共布局了102项重大工程，目的是让国内大循环保持高度顺畅；面对国际中的一些问题，虽然目前短暂进入一个平缓期，但是这并不意味着国际问题的不确定性、艰难性、复杂性会有所削弱，恰恰相反，明年到后期可能会承受很大的一些压力。

二、新时代做好经济工作的规律性认识

这一次中央经济工作会议对新时代做好经济工作的规律性认识进行了总结，这也是习近平经济思想的一个发展和延伸，包括中央金融工作会议里八个坚持的金融思想，也是习近平经济思想的内在组成部分。在学习习近平经济思想的时候，一定要根据实践创新和理论创新，不断地拓展习近平经济思想的内涵和组成部分。这里有五点要重点关注。

第一，要把高质量发展作为新时代的硬道理，高质量发展是第一要义、第一任务。要完整、准确、全面贯彻新发展理念，推动经济实现质的有效提升和量的合理增长。第二，必须坚持深化供给侧结构性改革和着力扩大有效需求协同发力，发挥超大规模市场和强大生产能力的优势，使国内大循环建立在内需主动力的基础上，提升国际循环

质量和水平。第三，要进行深层次的改革与开放，不断解放和发展生产力。这也是2024年着重强调的，今年要召开的三中全会也要围绕深层次的改革和系统性的改革进行谋篇布局。第四，必须坚持高质量发展和高水平安全良性互动，以高质量发展促进高水平安全，以高水平安全保障高质量发展，发展和安全要动态平衡、相得益彰。第五，把推进中国式现代化作为最大的政治，在党的统一领导下，团结最广大人民，聚焦经济建设这一中心工作和高质量发展这一首要任务，把中国式现代化宏伟蓝图一步步变成美好现实。

在学习习近平经济思想的时候，要把这五个必须纳进去，2022年中央经济工作会议是从六大统筹来进行延伸的，2023年是五大必须，2022年的总结是六个坚持，这六个坚持实际上也是经济思想的一个延伸。在中央经济工作会议里，也进行了思想和理论创新，所以要把最新的一些变化理解透，除了工作部署之外，还要注重思想和理论的理解和贯彻。

三、2024年工作推进的总要求

在中央经济工作会议通稿中，专门谈到做好2024年经济工作，要以习近平新时代中国特色社会主义思想为指导，全面贯彻落实党的二十大、党的二十届二中全会精神，坚持稳中求进的总基调，完整、准确、全面贯彻新发展理念，加快构建新发展格局，着力推动高质量发展，全面深化改革开放。这与以往的内涵基本是一致的，但今年把推动高水平科技自立自强，放在加大宏观调控的力度，放在扩大内需和深化供给侧结构性改革前。总要求中还指出要统筹新型城镇化和乡村全面振兴，统筹高质量发展和高水平安全，切实增强经济活力、防范化解风险、改善社会预期，巩固和增强经济回升向好态势，持续推动经济实现质的有效提升和量的合理增长，推进民生福祉，保持社会稳定，以中国式现代化全面推进强国建设、民族复兴伟业。

（一）基本基调与核心目标

具体而言，第一要坚持“稳中求进、以进促稳、先破后立”的基本基调，其中“稳”是指稳预期、稳增长、稳就业，这与去年中央经济工作的“稳”不一样，去年主要体现在稳增长、稳就业和稳物价上面，今年把稳预期放到最为关键的地方。预期是宏观管理的一个核心，也是宏观管理的一个落脚点。如果预期没有变化，行动也不会有变化。稳预期首先科技自立自强，关键技术核心技术的突破，这是中美冲突中树立信心最为关键的一点。第二要改革开放，改革开放依然是决定胜利的关键一招，怎么改是关键，并不是泛泛地改，怎么放也是很关键的。第三要有盈利，预期里最重要的就是未来预期的收益的增长，这是核心，所以与成功的扩内需有密切的关系。

2023年提出的“以进促稳”和“先破后立”是2022年没有的。这说明工作的重点从过去的短期稳向今年明年的中长期的稳定进行转换。从过去用疫情修复，大力拓展需求来进行稳定，要转成进行结构性升级，科技的突破，改革的调整等这样的措施，为逆周期的发力奠定基础。所以，短期就稳而稳，有时候是稳不住的，继续要在前进中，在结构调整中，在改革中，在内生动力的重塑过程中求得稳定。

当然“先立后破”很重要的一个因素就是在一些战略的实施改革调整中，不注重连续性，往往是大规模地进行“破”传统的结构，而没有注重工作的连续性和人民的利益。最为典型的就是在节能减排的过程中，很多冬天实施煤改气工程，但是生煤的炉子取消了，天然气管子还没有接过来，最后把老百姓冻坏了，这样肯定就有问题。“先立后破”在很多领域都会存在。比如说对房地产的调控，是怎样“先立”，然后才“后破”，也就是流动性要保持一定的稳定性。

（二）宏观经济政策定位

宏观经济政策定位要强化宏观政策逆周期、跨周期的调整，继续实施积极的财政政策和稳健的货币政策，加强政策工具的创新和协调。

财政政策要求积极的财政政策要适度加力，提质增效，用好财政空间，提高财政效率和政策效率，优化财政支出结构，强化国家重大战略任务，财力保障，合理扩大地方政府专项债券用作资本金范围，落实好结构性减税降费政策，重点支持科技创新和制造业发展，严格转移支付资金管理，严肃财经纪律，增强财政可持续性，兜牢基层“三保”底线，严控一般性支出，党政机关要习惯过紧日子。

货币政策要求稳健的货币政策要灵活适度、精确有效。保持流动性合理宽裕，社会融资规模，货币供应量同经济增长和价格水平预期目标相匹配。发挥好货币政策工具总量和结构双重功能，盘活存量、提升效能，引导金融机构加大对科技创新、绿色转型、普惠小微、数字经济等方面的支持力度，促进社会综合融资成本稳中有降，保持人民币汇率在合理均衡水平上的基本稳定。

此外，要关注政策的一致性。要增强宏观政策取向一致性，加强财政、货币、就业、产业、区域、科技、环保等政策的协调配合，把非经济性的政策纳入宏观政策取向一致性评估，强化政策统筹，确保同向发力、形成合力。加强经济宣传和舆论引导，唱响中国经济光明论。这是我们重点关注的内容，是我们围绕着中央经济工作会议提出的宏观政策目标和宏观经济政策的定位，以及背后的一些学理逻辑和实践逻辑。

（三）总要求的核心问题

1.为什么工作基调要从2022年底的稳字当头，稳中求进转变为稳中求进，以进促稳，先立后破，具体说明了什么？有什么体现？

经过过去一年的稳增长调控，在回升向好方面取得了很大的成绩。我国经济的主要矛盾从疫情时期或者后疫情时期进行总体稳定这样的目标和矛盾，要转换成进行新发展格局战略的构建，要通过一些结构性改革和扩内需的战略，来重塑短期和中期、逆周期和跨周期的稳定。主要矛盾的转换决定了目标的转换，工作基调的转换，以及相应工具的转换。这里很重要的是以进促稳，实际上要在结构调整，改革开放上有新的内容，要产生新的稳定的力量，要形成在前进中促进稳定的新态势。

2. 目标为什么要从2022年的稳增长、稳就业、稳物价转为稳预期、稳增长、稳就业？预期稳定在2024年有哪些重点工作部署？

虽然比去年中央经济工作会议所讲的预期转弱好像有所好转，但事实上会看到预期和信心不足的问题，依然是当下一个节点。在这个问题上，我们进行了大量的布局，很重要的就是要把科技自立自强、关键技术、核心技术的突破作为稳预期的一个基本要点。第二个要点是把改革作为预期，将改革提信心放到重要的日程之中。第三个要点是要切实落实积极的财政政策，稳健的货币政策的组合，政策要到位。第四个要点就是要加强宣传，防止经济崩溃，对预期要进行有效的引导，尤其是要防范目前自媒体时代所产生的好消息不出门，坏消息传千里的预期形成机制。这里的部署经济工作会议，实际上把稳预期作为它的抓手，作为一个落脚点。

3. 财政政策的"适度加力、提质增效"与2022年定位的"加力提效"有什么区别？财政赤字是否意味着2024年需要进行全面的扩张？

首先赤字率的确定上，中央经济工作会议提出的适度加力，说明赤字率不可能进行明显的提升。从中央经济工作会议里会看到2020年赤字率是3.8%，到2021年赤字率回归到3.0%左右，2022年回归到2.8%，2023年预计的是3%。当然这一个目标值的设定并不等于实际值，实际的一般公共赤字率在过去几年里，2020年最高达到了6.2%，2021年达到3.8%，2022年达到了4.7%，2023年又新增了1万亿元国债的发放，其中5000亿元用于2023年，5000亿元用于2024年。因此，今年实际增加的赤字在5000亿元，基本上增加了接近0.4个百分点，因此，赤字率2023年实际上在3%的基础上提升到3.4%的水平。所以2024年将在3.4%的水平进行适度加力，而不是全面加力。其中很重要的就是财政赤字率，不像很多人所说2024年应该从2023年计划的3%提升到10%。很重要的一个原因就是所面临的问题不是短期的问题，复苏的复杂性不是一般周期性变化的结果，而是三年疫情所产生的疤痕效应修复、房地产几大周期叠加深度调整的产物、百年未有之大变局加速演变的产物，这三大因素再叠加传统的一些结构性因素，直接导致中国宏观治理对策的复杂性，而不是简单地一放了之。

所面临的问题，比如房地产的调整，由于基础参数的变化和深层次的一些因素拐点的变化，它的深度比以往要深，持续的时间比以往要长，这就要求要有一个中期布局，而不是一个短期举措，一方面要使房地产市场有所回升，同时要在政府端有所加力，但更重要的是还要在房地产的长效机制以及房地产开发商的新型开发模式上进行构建。单纯一个房地产所采取的应对举措，不可能简单地通过大规模的赤字来解决，而是要通过一系列的金融、财政、结构、民生，还有一些产业来进行全面配合。

一般公共财政实际赤字和政府基金赤字相比，基金赤字可能面临更大的压力，因此，一般公共财政赤字的扩张可能就会有所收敛，因为这两边在赤字安排上，往往并不是简单地同步同向而行，它需要有一个结构性的安排。世界银行测算的中国综合财政赤字率在2023年基本接近4%，当然综合财政赤字率纳入了基金赤字，所以说一般公共财政赤字实际上还是在百分之三点几的水平。2024年一般公共预算财政赤字的规模范围应该在百分之三点几的水平，而不会出现过多的状况。财政赤字率下一步可能会在3.3%—3.5%。关于怎么样适度加力，房地产的持续调整、积极财政政策的回归是最为重要的，是经济回升向好全面巩固的关键。

政府广义支出，在过去七八年都是正增长的，但是在2023年前10个月的支出累计负增长。因此，2023年积极财政政策从支出端来看并不积极，而不积极的核心是地方政府土地财政的崩塌，以及债务率过高所导致的地方政府积极财政政策踏空，从而导致2023年整体的经济复苏出现了一些变化。地方政府实际上是经济的发动机，是各类项目支出的发动机，是地方流动性的枢纽，所以当地方政府的积极财政政策踏空，直接导致地方政府项目下滑，2024年实施积极财政政策，特别是地方财政政策的积极定向得到回归是一个关键。地方财政的压力在加大，导致中央财政的转移支付出现了明显的上升，到2022年，中央向地方的转移支付已经达到了11.6万亿元，超过了地方支出的一半，这种变化直接导致中央财政收支出现一些变化。收入略有下降，但是支出下降得更厉害，这就导致财政支出结构出现一些重大的变化，这个变化就是向下端进行倾斜，效率上也会出现一些打折扣的问题。在公共支出的进度上，费用并没有明显提升，一方面是没钱用，另外一方面是很多的项目支出不了，在这方面不仅是一个结构问题，还是一个总量问题。对于地方来讲，第一个是一般预算、财政转移支付，第二个是地方债，第三个是专项债，第四个是其他。在这个过程中，地方债纳入预算体系之中，有一定灵活操作的就是专项债。专项债去年是3.8万亿元，在支出进度上是不理想的，在三季度之后，特别是7月下旬政治局会议后，支出速度在加快，但专项债的支出实际上与专项债使用的范围有关，所以2023年中央经济工作会议强调，财政在结构上要发力，同时专项债在规模和使用的范围，以及用于资本金的支付上要加力。

中央经济工作会议提出专门谋划新一轮财税体制改革，这可能是财政政策研究中的一个很重要的点。这些不仅是政策的选择，也是一种学理性的构建以及对实践创新的谋划。因此，今年的中央经济工作会议围绕着财政政策，特别是围绕着财政赤字的目标，专项债的目标，以及财政结构的布局是一个重点。

4. 2024年稳健货币政策是否与以前的内涵是一样的？

表述一致，但是内涵不一致。流动性充裕的总量与结构要有新的要求。流动性充裕很重要的一个标志是融资成本。实际上去年流动性偏紧的地方在于房地产、地方政府和一些民营企业，特别是民营小微企业。因此，在总量和结构上的这种变化，主要关注这三大群体。对于民营房地产的流动性要求一视同仁，同时对于具有系统性、重要性的一些房地产的流动性要充分提供，因为房地产流动性问题的爆发，直接对于市场的稳定具有枢纽性作用，地方政府目前一揽子化债方案正在推行，其很重要的目标就是解决目前政府短期流动性枯竭的问题，保证地方政府运行的平转，保证地方三保的实施。

2023年的货币政策有三个重大挑战：第一个是将“社会融资规模、货币供应量同名义经济增长速度相匹配”改为“与经济增长和价格水平目标相匹配”。2022年中央经济工作会议中，这一个表述是要保持广义货币供应量和社会融资规模同名义经济增速基本匹配。2023年前三季度经济增长速度5.2%，而实际上名义GDP增长速度只有5%。改为价格水平预期目标加上经济增长速度，2024年货币供应量和广义社会融资的增长速度应当提升1个百分点左右，这意味着一个相对宽松，稳健定位、宽松操作的模式，这个变化所关注的更重要的是社会融资规模。第二个是促进社会综合融资成本稳中有降。这就意味着可能会适度进行降准降息，在一些费用上进行调整。第三个要求金融要盘活存量，金融盘活存量不仅仅涉及三角债的问题，实际上也涉及资金打转的问题，这也说明金融体系的一些结构性调整和体制性的变化都较小。

2024年的稳健货币政策，实际上是稳健定位、宽松操作、结构化导向有新内容，2024年的货币政策要有一个积极政策的全面回归，防止过去地方财政积极的踏空问题。

5.为什么要强调宏观政策取向的一致性，如何唱响“中国经济光明论”？

要避免合成谬误，分解谬误，以及各地所谈的九龙治水的困局。对同一问题不同部门进行加码，导致了一些管理真空、监管真空的问题。对于传统的九龙治水问题，政策要有统一性，防止很多政策来补经济、提预期，但是一两项错误的操作就把其他政策的效果全部取消。

要提防新一轮的唱衰中国经济。中国经济的长期向好，基础是没有变的，短期回升向好的态势是明确的，这一轮唱衰有五个新特征:

第一个特征是拜登等国家元首亲自唱衰中国；第二个特征是克鲁格曼在纽约时报的发文，顾朝明在香港论坛的发言抛出了债务通缩和资产负债表的衰退理论，认为中国经济可能面临大问题，但事实上他们对中国经济不了解，比如顾朝明认为中国房地产跟日本房地产是一样的，但是没有考虑以下问题：第一，中国的商业地产占比较小。第二，中国的商业地产泡沫在10年前就被平台经济、电商经济所刺破。所以目前还面临着商业地产价格收缩，债务高企的困扰。我国主要还是居民住房市场，特别是开发商的流动性问题。第三，很重要的就是中国金房地产金融的链条很短，没有以房地产抵押贷款为主体的各种资产证券化产品和各类结构性和对冲性的一些金融产品。因此，中国房地产的一些变化不会体现在快速的金融传递，跟西方完全不一样。第三个特征是强调台海冲突等非传统风险，强化资本外逃和打压人民币的力度。第四个特征是IMF和世行等国际机构同步强调中国房地产风险和经济下滑风险，全面下调中国经济增速的这一个预期。第五个特征是对比中美复苏的差异以及GDP之比的变化，错误得出中国战略竞争的失败。

四、九大重点工作

（一）以科技创新引领现代化产业体系建设

要以科技创新推动产业创新，特别是以颠覆性技术和前沿技术催生新生产、新模式、新动能，发展新的生产力。科技创新和产业体系是构建新发展格局的关键战略支撑点，在整个“十四五”期间很重要的一个核心就是新发展格局、战略。三年疫情使有些战略重心发生了变异，目前经济呈回升向好，要巩固和加强回升向好的基础，很重要的一个就是战略回归，所以这里面今年把科技创新和产业体系放在第一位。打造生物制造、商业航天、低空经济等若干战略性新兴行业，要对这些行业有进一步政策的投入和全面的提升，同时把量子生命科学作为产业的新赛道。

（二）着力扩大国内需求

扩内需包括很重要的两部分，一部分是消费，另一部分是投资。要激发有潜能的消费，扩大有效益的投资，形成消费和投资相互促进的良性循环。推动消费从疫后恢复转向持续扩大，培育壮大新型消费，大力发展数字消费、绿色消费、健康消费，积极培育智能家居、文娱旅游、体育赛事、国货“潮品”等新的消费增长点。稳定和扩大传统消费，提振新能源汽车、电子产品等大宗消费。增加城乡居民收入，扩大中等收入群体规模，优化消费环境。要以提高技术、能耗、排放等标准为牵引，推动大规模设备更新和消费品以旧换新。

中国像美国一样大幅度增加对居民的直补，或者通过消费券来增加居民在消费方面的购买能力，可能并不科学。原因就是中国消费的扩张到底依赖于什么？是简单地依赖于收入的增长和短期收入的提升，还是依赖于居民的就业，依赖于居民财富或可持续收入的持续提升。即使给一个家庭很多的补贴，但是中国家庭只要出现失业，消费可能很难得到扩充。中国是从保增长、保投资，到保就业、保收入，再到保消费，是从供给端的角度来牵引需求端。美国是从需求端来牵引供给端，这两种思路的采取取决于经济体系、政治体系、法律体系。此外就是量的问题。中国有房地产的深度调整和外部环境恶化的问题，这些能不能够通过发消费券来解决是需要思考的。美国在过去几年里，对于居民投入的规模达到了5万亿美元，在美国GDP的占比接近20%，我国的GDP现在是126万亿元，它的20%是25万亿元，实际上中国货币的地位不允许实施这样的一种超级量化、超级宽松的财政货币政策。美国通过这种举措，可以把一些成本转嫁到世界各国，让世界通货膨胀来承担美国超级宽松货币政策进行救助的成本，但是中国只能靠自己。美国这一轮扩张导致通货膨胀率最高达到了百分之九点几，如果按照美国的做法，我国的通货膨胀率一定是两位数。中央经济工作会议提出在这一次扩消费里，主体是激发有潜能的消费，所谓有潜能的消费，就是以新型消费为主体，以消费升级、消费耐用品的修复为主体，2024年围绕数字消费、绿色消费、健康消费会有所行动。

投资是恢复最差的，要发挥好政府投资的带动放大效应，重点支持关键核心技术攻关、新型基础设施、节能减排降碳，培育发展新动能。完善投融资机制，实施政府和社会资本合作新机制，支持社会资本参与新型基础设施等领域建设。2022年经济工作会议和2023年7月政治局会议都指出，消费是基础，投资是关键，尤其是对于一个赶超型国家，我国依然要在投资上发力。

（三）深化重点领域改革

中国经济要重新回到其均衡潜在的增长轨迹，重新达到新的黄金时段需要综合实力，需要层次化、结构化的处理模式，改革依然是一个重点，要谋划进一步全面深化改革的重大举措，为推动高质量发展、加快中国式现代化建设持续注入强大动力。不断完善落实“两个毫不动摇”的体制机制，充分激发各类经营主体的内生动力和创新活力。深入实施国有企业改革深化提升行动，增强核心功能、提高核心竞争力。促进民营企业发展壮大，在市场准入、要素获取、公平执法、权益保护等方面落实一批举措。促进中小企业专精特新发展。加快全国统一大市场建设，着力破除各种形式的地方保护和市场分割。有效降低全社会物流成本。要谋划新一轮财税体制改革，落实金融体制改革。

（四）扩大高水平开放

高水平开放要以制度型开放为抓手，强调要培育外贸新动能，巩固外资外贸的基本盘，拓展中间品贸易、服务贸易、数字贸易、跨境贸易。要进一步放宽电信、医疗等服务业市场准入，对标国际高标准经贸规则，认真解决数据跨境流动、平等参与政府采购等问题，持续建设市场化、法治化、国际化一流营商环境，打造“投资中国”品牌。切实打通外籍人员来华经商、学习、旅游的堵点。抓好支持高质量共建“一带一路”八项行动的落实落地，统筹推进重大标志性工程和“小而美”民生项目。

（五）持续有效防范重点领域的风险

统筹化解房地产、地方债务、中小金融机构等风险，严厉打击非法金融活动，坚决守住不发生系统性风险的底线。积极稳妥化解房地产风险，一视同仁满足不同所有制房地产企业的合理融资需求，促进房地产市场平稳健康发展。加快推进保障性住房建设、“平急两用”公共基础设施建设、城中村改造等“三大工程”。完善相关基础性制度，加快构建房地产发展新模式。统筹好地方债务风险化解和稳定发展，经济大省要真正挑起大梁，为稳定全国经济作出更大贡献。

（六）坚持不懈抓好“三农”工作

锚定建设农业强国目标，学习运用“千万工程”经验，有力有效推进乡村全面振兴，以确保国家粮食安全、确保不发生规模性返贫为底线，以提升乡村产业发展水平、提升乡村建设水平、提升乡村治理水平为重点，强化科技和改革双轮驱动，强化农民增收举措，集中力量抓好办成一批群众可感可及的实事，建设宜居宜业和美乡村。毫不放松抓好粮食等重要农产品稳定安全供给，探索建立粮食产销区省际横向利益补偿机制，改革完善耕地占补平衡制度，提高高标准农田建设投入标准。树立大农业观、大食物观，把农业建成现代化大产业。

“三农”中要重点关注粮食问题、返贫问题。粮食问题与这个时代相关联，目前俄乌冲突之后，紧接着巴以冲突，另外还出现了南美的一些金融动荡，2024年又是全球大选年。因此，粮食市场会随着地缘政治、地缘经济的变化而发生变化，也会随着厄尔多尼现象气候问题的恶化而发生变化。2022年，全球围绕着粮食的贸易壁垒增加了70%，也导致国际粮价在这几年里出现了持续提升。一旦特殊时期出现，如何保证国内大选的顺畅和居民福利的稳定是一个关键。

（七）推动城乡融合、区域协调发展

要把推进新型城镇化和乡村全面振兴有机结合起来，促进各类要素双向流动，推动以县城为重要载体的新型城镇化建设，形成城乡融合发展新格局。实施城市更新行动，打造宜居、韧性、智慧城市。充分发挥各地区比较优势，按照主体功能定位，积极融入和服务构建新发展格局。优化重大生产力布局，加强国家战略腹地建设。大力发展海洋经济，建设海洋强国。

（八）生态文明和绿色低碳发展

这是绿色化战略的一个持续关注点，绿色化以及社会工程的建设，作为中国经济发展的一个底层逻辑，不仅是应有之义，也是战略回归的一个核心。建设美丽中国先行区，打造绿色低碳发展高地。积极稳妥推进碳达峰碳中和，加快打造绿色低碳供应链。持续深入打好蓝天、碧水、净土保卫战。完善生态产品价值实现机制。落实集体林权制度改革。加快建设新型能源体系，加强资源节约集约循环高效利用，提高能源资源安全保障能力。

（九）切实保障和改善民生

要坚持尽力而为、量力而行，兜住、兜准、兜牢民生底线，更加突出就业优先导向，确保重点群体就业稳定。织密扎牢社会保障网，健全分层分类的社会救助体系。加快完善生育支持政策体系，发展银发经济，推动人口高质量发展。同时，民生促增长实际上是很重要的一个抓手，尤其是在疫情防控的修复中，民生建设越好，对疫情的防控效果也会越好，疫情的疤痕效应恢复也会更好。

互动环节

◎ 提问一：

如何处理好政策空间与防范风险之间的矛盾呢？或者说，如何更好地利用中国现有的政策空间，来实现加力提效的目标呢？

◎ 回答：

第一，中央经济工作会议很明确，就是我们目前依然存在着一定的政策空间。这个政策空间体现在中国政府的债务率以及国民经济的综合负债率，从全世界来看依然处于一个安全的、较低的位置。尤其是按照预算法、按照一般口径所统计的国家负债率50.4%这个数据来看，它依然低于一般认为的60%的警戒线，所以从这一方面来看是有空间的。同时，目前中国政府的债务率数据也要比OECD的平均数据低几十个百分点，所以在这方面也会体现出一些政策空间。

第二，虽然中国的民营利率的政策利率是3.51%，似乎在全世界很低，但是实际利率已经达到了较高的水平，事实上已经超过了4%，这比美国的实际利率都要高。因为美国一年期的贷款利率加上通货膨胀因素之后，仅有百分之二点几。例如，美国的住房抵押贷款，如果剔除了物价水平，那么就只有百分之三点几的水平，而中国目前的房地产贷款利率还是很高的。所以由此看来，中国目前的宏观政策空间依然是存在的，但是如何利用这种政策空间是关键所在。也就是说，我们要利用好政策空间，政策空间要与未来的战略、任务相匹配，而不是把鸡蛋放到同一个篮子里，一股脑地把政策空间都用完。所以，它是一个稳中有进、循序渐进的过程，这就要求每一年政策空间不能够大水漫灌、强刺激。今年大家可以看到，积极的财政政策从去年的“加力提效”四个字改为了“适度加力、提质增效”。这种改变实际上说明了中国在财政空间的使用上是很审慎的，而不是像很多民间学者那样把问题简单化。

第三，对风险的防范要注意三大关系，这三大关系包括了力度和速度，这其中其实也就包含了我们对相应的风险主体的救助速度是快还是慢，这实际上是一个很复杂的问题。对于一些中小金融机构，我们不希望它的风险蔓延，所以救助速度要快。但这也不是一个简单的事情，前面提到的商业银行的合并，不是一合并就能够解决问题的，其中有大量的辅助性工具。包括房地产也是如此，房地产可能是要分类，对于一些的确资不抵债的企业，可能要加快市场出清的速度，不能让这些坏企业、坏资产拖垮好企业、好资产，这是很重要的。但是，对于一些结构性、暂时性资不抵债的企业，那么就要保证其流动性。所以，在一些政策的把握上，还是需要一些分类分层，需要做到一城一策、一事一策，当然这也是我们的制度优势。同时，对于政策的度的使用和把握、它衍生的风险以及对现行风险的控制，这就需要学界有一个更为深入的测算和科学的研究。因此，中央经济工作会议实际上是给学界提出了大量的学术命题和学术课题。然而，我们经常看到很多学者提出一些假问题，然后自己回答，最后大家都不关心这些问题，这就很麻烦。如果我们能够对中央经济工作会议上的问题作出进一步的研究，并在研究的过程中再进行理论的提升，那么可能会对学界有很大的帮助。

◎ 提问二：

下一轮美联储如果加息对中国市场的影响是怎样的呢？

◎ 回答：

目前，从美联储12月的会议来看，美联储的这个加息周期已经结束，这是很明确的。此外，美联储也暗示美国明年可能会有三次降息，当然这还是有不确定性的。但是，大家可以看到美国经济的这种弹性、韧性，以及美国在治理通货膨胀方面所取得的快速成效，超越了很多传统研究者的范畴。尤其是在这一轮里，通货膨胀的黏性体现出来的一些新特征，特别是没有形成工资物价螺旋机制，这实际上使得美国在货币政策的逆转方面已经具备了良好的基础。2024年是全球高利率回调的一年，也是全球由于利率调整而出现再定价的一个过程，同时也是由于利率调整、资产再定价而发生中心与外围资金按流动变异的一年。所以2024年对中国来说，美联储的降息以及欧盟货币政策的调整对中国货币政策空间的释放具有很重要的作用。同时，这也就要求我们对美联储的行为、欧洲中央银行的行为要有一个很好的研究。那么，中国“以我为主”的货币政策的调控、目标、节奏可能就会拿得更准，从而降低以内为主的货币政策对于汇率、资金流动的过度冲击。